V&R

Hans-Günter Schoppa

Widerstand in der Paartherapie

Basiswissen und Aktionsmethoden
für die Praxis

Vandenhoeck & Ruprecht

Mit einer Tabelle

Bibliografische Information der Deutschen Nationalbibliothek:
Die Deutsche Nationalbibliothek verzeichnet diese Publikation in der
Deutschen Nationalbibliografie; detaillierte bibliografische Daten sind
im Internet über https://dnb.de abrufbar.

© 2022 Vandenhoeck & Ruprecht, Theaterstraße 13, D-37073 Göttingen,
ein Imprint der Brill-Gruppe
(Koninklijke Brill NV, Leiden, Niederlande; Brill USA Inc., Boston MA, USA;
Brill Asia Pte Ltd, Singapore; Brill Deutschland GmbH, Paderborn, Deutschland;
Brill Österreich GmbH, Wien, Österreich)
Koninklijke Brill NV umfasst die Imprints Brill, Brill Nijhoff, Brill Hotei,
Brill Schöningh, Brill Fink, Brill mentis, Vandenhoeck & Ruprecht, Böhlau,
Verlag Antike und V&R unipress.

Umschlagabbildung: © beerchatdanai/Shutterstock.com

Satz: SchwabScantechnik, Göttingen
Druck und Bindung: ⊕ Hubert & Co. BuchPartner, Göttingen
Printed in the EU

Vandenhoeck & Ruprecht Verlage | www.vandenhoeck-ruprecht-verlage.com

ISBN 978-3-525-46280-5

Inhalt

»Der Mensch bringt sogar die Wüsten zum Blühen.
Die einzige Wüste, die ihm noch Widerstand bietet,
befindet sich in seinem Kopf.«

(Ephraim Kishon)

»Ein Widerstand um jeden Preis ist das Sinnloseste,
was es geben kann.«

(Friedrich Dürrenmatt, Romulus der Große, 1949)

»Auch aus Steinen, die einem in den Weg gelegt werden,
kann man Schönes bauen.«

(Johann Wolfgang von Goethe zugeschrieben)

Einführung

Was ist (ein) Widerstand und wozu ist er gut? Technisch begonnen: Ohne Widerstand ist keine Gerätenutzung mit elektrischem Strom möglich. Er reguliert Stromstärke und -durchfluss auf das für das Gerät verträgliche Maß, sorgt dafür, dass es keine Kurzschlüsse und Brandkatastrophen gibt. Er begrenzt die Energie, die dadurch sinnvoll nutzbar wird. Er sichert das Gerät und uns, die wir es nutzen wollen, vor Fehlfunktion und Zerstörung. Ja, er ermöglicht überhaupt erst die Funktion und deren Nutzung durch die angemessene Dosierung. Variabel verschaltet ermöglicht er eine hohe Varianz an Funktionen.

Wechseln wir die Begriffsebene: Wo Recht zu Unrecht (oder Unrecht zu Recht) wird, da wird Widerstand zur Pflicht. Die Chance, etwas Konstruktives zu bewirken, eine Fehlentwicklung zu verhindern, eine Situation zu verbessern, scheint auf. »Leistet Widerstand!« Hier entsteht Aktivität gegen das Schlechte, das Ungerechte, das Falsche. Es wird Reibung und Auseinandersetzung geschaffen im Dienst der Möglichkeit des Besseren, der Weiterentwicklung, der Grundsteinlegung für eine bessere Zukunft.

Was das alles mit Paartherapie zu tun haben könnte, soll sich im Weiteren erschließen. Aber das allgemeine Verständnis der Metapher »Widerstand« kann bereits etwas Positives, Sinnvolles erwarten oder zumindest erahnen lassen. Könnte Widerstand der Stoff oder das Agens sein, das auch Paarberatungsprozesse reguliert und nutzbar macht? Ein Unterstromregler der Beratung oder vielleicht sogar des Beratungserfolgs (oder Misserfolgs, wenn er fehlt oder nicht funktioniert)? Dabei wird in der Regel der Widerstand der Klientinnen[1]

---

1 Ab hier werden in diesem Buch die weiblichen und die männlichen Sprachformen in freiem Wechsel verwendet als Abbild unserer Lebenswelt. Es sind in der Regel immer beide Geschlechter gemeint.

gemeint sein. Es wird sich aber noch zeigen, dass dies nicht der ausschließliche Faktor ist.

Und sind die in der Psychologie und psychosozialen Prävention bekannten Begriffe der ▸ Reaktanz und ▸ Resilienz[2] nicht auch so etwas wie Verwandte des Widerstands, beide mit durchaus positiver Anmutung natürlicher Reaktionsfähigkeit auf Ungewolltes und Bewältigungspotenziale für belastende Umstände und Situationen im Leben? Könnte es sein, dass Paare gerade im Widerstand in der Beratung das für sie Wesentliche ausleben? »Wer sich nicht wehrt, lebt verkehrt.« Paare haben die Einzigartigkeit ihrer Beziehung wie ihrer Eigenheiten als Personen auch in Therapien zu wahren und gelegentlich auch gegen fachlich begründete, aber dennoch etwas überhebliche Deutungsversuche zu verteidigen.

Und: Widerstand ist schon rein begrifflich »befreundet« mit Autonomie, Unabhängigkeit und Freiheitsstreben. Er lässt Menschen ihre Selbstwirksamkeit erleben, ähnlich wie schon ein Kind im Trotz seinen (wenn auch gelegentlich verzweifelten) Mut und Stolz erlebt. Wer wären wir als Paarberatende, wenn wir dies unseren Klienten vorenthalten wollten? Und doch: Ist es nicht auch unsere Aufgabe, zugleich das potenziell Selbstschädigende zu begrenzen, das Paare durch ihr »Leben im Widerstand« (re-)produzieren? Dass Widerstände das in ihnen verborgene konstruktive Potenzial entfalten, ist kein Selbstläufer, sondern braucht nicht selten Geburtshilfe etwa in der Paarberatung. Unsere Akzeptanz und Offenheit für den Widerstand sind wichtig. Günstig wäre deshalb, wenn die Beratenden selbst keine widerständige Einstellung zum Widerstand haben, sondern solche Phänomene neugierig wahrnehmen, um die Eigenheit eines Paares zu verstehen.

Wieso haben Sie dieses Buch bei Ihren Internetrecherchen bemerkt und nehmen es jetzt sogar in die Hand? Wer sind Sie und was beansprucht in diesem Moment Ihre Aufmerksamkeit? Einige Vermutungen: Sie sind Paarberaterin und durchforsten interessiert die aktuelle Literatur zu diesem Feld: »Aha, was Neues zur Paarberatung«. Oder Sie sind psychologischer Berater oder Psychotherapeu-

---

2 Zu den gekennzeichneten Begriffen finden Sie Erläuterungen im Glossar am Ende des Buches.

tin und fahren auf Widerstand ab: Was Neues zu diesem umstrittenen und oftmals fragwürdigen Begriff aus der psychoanalytischen Tradition. Und dann noch zu etwas (gemessen am »klassischen« psychotherapeutischen ▸ Setting) so Unausgegorenem, Unfertigem wie Paarberatung. Ist das überhaupt Psychotherapie, etwa »Paartherapie«? Und was soll überhaupt dieses Gerede von Widerstand? Brauchen wir dafür nicht eine ganz andere Art des Nachdenkens darüber, andere Begriffe, eine andere Sprache?

So mag hoffentlich ein erster Widerstand im Sinne eines Stolpersteins in Ihnen geweckt worden sein: ein Buch über Widerstand und über Paarberatung, einerseits möglicherweise dubiose Objekte gewöhnungsbedürftiger Betrachtung. Andererseits könnte auch zustimmendes Wiedererkennen in Ihnen ausgelöst worden sein: »Ja, ich habe einen Widerstand gegen Paarberatung«, entweder schon immer oder auch nach einigen wenig erfolgreichen und damit entsprechend wenig motivierenden Versuchen. Oder Sie denken: »Stimmt, Paarberatung ist ein einziger mühsamer und kaum lohnender Kampf mit Widerständen auf der ganzen Linie.«

Wird aber der Widerstandsbegriff positiv konnotiert und weitreichend verstanden, wie es hier geschehen wird, dann gewinnt er eine neue Wertigkeit als ein Ausdruck des den Klientinnen eigenen Selbstbewusstseins, ohne das in einer Therapie nichts zu bewegen ist.

Dazu eine klärende Anmerkung: Dieses Buch richtet sich gleichermaßen an (so benannte) Paartherapeutinnen und an Paarberater, denn sie unterscheiden sich vielleicht in Ausbildung und Arbeitsplatz, nicht aber hinsichtlich ihrer Klientel und der damit verbundenen Aufgaben.

Vielleicht war Ihr Widerstand in der eigenen beruflichen Entwicklung ja insofern erfolgreich, dass Sie das gesamte hier angesprochene Feld bisher erfolgreich vermieden haben (was ja nicht so bleiben muss). Oder Sie konnten sich doch dafür begeistern und haben die entsprechenden Qualen wohlwollend mit Ihren Zielen und den Zielen des Paares im Auge erlitten. Oder Sie sind überaus erfolgreich als Paarberater oder Paartherapeutin unterwegs und denken: »Stimmt, gelegentlich ist das alles schon recht anstrengend, aber das gehört nun mal – per aspera ad astra – einfach auch dazu. Das Leben als Paar ist ja schließlich schwierig und komplex. Warum also sollte nicht Widerständiges aller Arten in der Paarberatung natürlicherweise Platz finden?«

Oder denken Sie auch: »Genau deshalb liebe ich die Paarberatung, weil sie oft so verwirrend und fordernd ist, ich kaum weiß, wo ich gerade stehe und was da vor mir und mit mir vor sich geht, sodass ich mich gelegentlich frage, ob das überhaupt Zweck hat und Sinn macht«? »Und gestern sagte dieses Paar doch tatsächlich zu mir: ›Vielen Dank für Ihre Bemühungen, aber Sie sehen ja selbst, uns ist nicht zu helfen, und Sie schaffen das auch nicht.‹« Dabei waren wir doch so oft in der ersten Kontaktnahme »die letzte Hoffnung« für beschädigtes Vertrauen, unerfüllte Sehnsüchte und tapfer geteilte menschliche Unzulänglichkeit.

Wie Sie also auch immer gerade aufmerksam werden, seien Sie zu eigenem Nachdenken über die Widerständigkeit des Geschäfts »Paarberatung« im Allgemeinen und in den alltäglichen spezifischen Besonderheiten eines jeden Paares eingeladen. Je länger und intensiver dieses Nachdenken geschieht, desto mehr mag sich in Ihnen die Erkenntnis bestätigen: Die Paarberatung wächst in ihrer Qualität an den in ihr stattfindenden Widerständen und dem aufmerksamen und bedachten gemeinsamen Umgang mit ihnen. Auch die gelegentliche Verzweiflung darüber gehört dazu. Und wer die nicht ertragen lernt, sollte sicher und lieber etwas anderes tun.

Wie ist nun dieses Buch aufgebaut? Am Anfang steht eine Sammlung der Widerstandsphänomene. Wie erleben wir als Paarberater Widerstand? Wo beginnen wir ihn zu spüren, zu fühlen und wo springt er uns förmlich überrumpelnd ins Gesicht, ohne dass wir überhaupt dazu kommen, ihn zu spüren oder zu fühlen? Dabei soll versuchsweise unterschieden werden zwischen Phänomenen in oder aus der Psyche des oder der Einzelnen, aus der Beziehungswelt des Paares und aus dem paarberatungsbezogenen Dreieck, gelegentlich Viereck. Hierbei waren mir die Erfahrungen, Erzählungen und Berichte vieler Kollegen aus der Paarberatung eine stetig sprudelnde Quelle und willkommene Ergänzung meiner eigenen langjährigen Paarberatungspraxis.

Danach sollen diese Phänomene unter der Überschrift »Widerstand« begrifflich umkreist und zumindest ansatzweise verständlich gemacht werden. Referiert werden zudem diverse aus unterschiedlichen therapeutischen Ansätzen stammende Verständnisversuche und Überlegungen zu auf multiplen Ebenen basierenden Hintergründen, die auf die Paarberatung hin übersetzt werden können.

Im praktischen Teil werden mehrere zentrale Überlegungen methodischer und strategischer Art ausgeführt zu dem Versuch, mit Widerständen in der Paarberatung umzugehen. Was können wir tun, um unseren Alltag als Paarberater nicht nur durchzustehen, sondern den Herausforderungen vielmehr mit annähernd aufrechtem Rollenverständnis und in Burn-out-prophylaktischer Gelassenheit zu begegnen? Anstrengung und gelegentlich resignierendes Einstecken-Müssen seien als normal gesetzt in der Welt des paarberatungsbezogenen Widerstands. Aber Freude und Stolz des oder der mit Geschick (oder gelegentlich sogar mit Eleganz) Operierenden in der Welt der in Schach zu haltenden Paarmonster werden sich gelegentlich auch mit der Anerkennung des Paares verbinden: »Es hat doch schon ein bisschen was gebracht, mit Ihnen zu reden.« Ja …, so falsch war unsere Berufswahl dann vielleicht doch nicht.

Zentrale Bestandteile der Darstellung speisen sich aus meiner eigenen praktischen Arbeit mit Paaren. Die ausführlicheren Überlegungen dienen dazu, die Ausdrucks- und Austauschmöglichkeiten der Paare in der Auseinandersetzung mit ihren Widerständen zu erweitern. Sie sind aus der paartherapeutischen Arbeit mit aktionsbetonten, vor allem dem ► Psychodrama entlehnten Methoden erwachsen. Diese aktionsorientierte Arbeit habe ich über viele Jahre als besonders widerstandslösend erlebt. Deshalb verdient sie hier eine etwas umfangreichere Darstellung, unter anderem mit der Absicht, interessierte Leserinnen auch zu entsprechenden Versuchen einzuladen. Besonders zu den psychodramatischen »Insiderbegriffen« finden Sie im Glossar am Ende des Buches einige Erläuterungen.

Nach vielen Jahren aktiver Paarberatungspraxis ist es mir ein Anliegen, offen über die Chancen, aber auch Grenzen unserer Bemühungen nachzudenken und diese Tätigkeit realistisch zu sehen mit berechtigtem Optimismus für brauchbare Ergebnisse. Mit vielen Kollegen fühle ich mich in dieser spezifischen Mischung von Begeisterung und gelegentlicher Verzweiflung verbunden und danke ihnen für reichhaltigen lebendigen Austausch. Ebenso danke ich den vielen Paaren, die mir – auch mit ihrem stetigen Widerstandsreichtum – das Leben leicht und schwer zugleich gemacht haben. Ohne sie wäre dieses Büchlein nicht entstanden.

Zum Abschluss der einführenden Überlegungen noch dies: Die Charakteristika der Liebe machen natürlicherweise einen Widerstand gegen das Außen erforderlich. Octavio Paz sagt dazu sinngemäß: »Liebe hat fünf Charakteristika: die Ausschließlichkeit, das Hindernis und dessen Überschreitung, Herrschaft und Unterwerfung, Schicksal und Freiheit, Einheit von Körper und Seele« (Paz, 1995).

Betrachtet man dies genau, dann ist jede Paarberatung eine Zumutung für die ursprünglich Liebenden und für das Verständnis der Liebe überhaupt: Eine dritte Person mischt sich in die ausschließliche Intimität ein, sie stellt die unbewusste »Leistung« des Paares bei der Partnerwahl und der Installation der Beziehung infrage, ebenso wie die eingefahrenen Machtstrukturen, das Oben und Unten und die Rollenverteilung in der Beziehung. Sie diskutiert die Entscheidungen beider Partner, stellt mit ihren Provokationen das gemeinsame Schicksal infrage und zur Debatte und differenziert womöglich detailliert Körperliches und Seelisches. So ist für die ideale Liebe jede Paarberatung »bei aller Liebe« bereits eine grandiose Herausforderung, Zumutung und Kollision. Und entsprechend mag mancher Widerstand schon mit der unbewussten Sehnsucht nach der ursprünglichen Liebe und ihrer Kraft und Umsturzlust gegenüber allem sie Einschränkenden zu tun haben.

Widerstand in der Paartherapie erleben

Die Beschreibung eines Widerstands als »Widerstand« beruht auf dem Sich-Zeigen eines Phänomens und dessen Miterleben von außen bzw. dessen Betrachtung von oben, so wie die Wahrnehmung der gesamten Beratungskonstellation in der Draufsicht geschieht. Außeninstanzen (hier der Autor und die Leserin) blicken auf den Gegenstand und sortieren bzw. definieren bestimmte Merkmale als Zeichen eines Widerstands (wogegen?). Das Kriterium für Widerstandsfreiheit oder Widerstandslosigkeit wäre hier ein optimal wirksamer, perfekter, alle Beteiligten maximal zufriedenstellender Beratungsverlauf, den es nicht gibt und auch nicht geben sollte, da wir im Weiteren argumentieren werden, dass gerade der Widerstand ein konstruktives und notwendiges Phänomen in der Beratung darstellt.

So beginnen bereits hier die definitorischen Unsicherheiten und wir werden pragmatisch sagen müssen: Widerstand mag das sein, was wir als Praktikerinnen der Paarberatung – und zwar schulenübergreifend gedacht! – als Instanzen der Draufsicht auf die Beratung – also sozusagen mit supervisorischem oder konsultierendem Blick – als solchen im Beratungsverlauf erleben, egal wie fördernd oder behindernd wir es im Nachhinein des Beratungsprozesses beurteilen werden. Geprägt ist dies von unserer ganz eigenen Widerstandsdefinition, die unsere Beratungstätigkeit als einzelne Paarberater bestimmt, und zwar nicht im Sinne eines tiefenpsychologischen Lehrverständnisses, sondern vielmehr als allgemeinsprachliches Verständnis von etwas, das unseren Vorhaben, Planungen und Impulsen widersteht. Deshalb findet sich hier in der Phänomenbeschreibung eine »wilde Sammlung« des Berater-Erlebens und -Beurteilens, durchaus mit der impliziten Sicht: »Keine gute Paarberatung ohne diverse Widerstände!«

Mit sich bringt diese Sicht, dass persönliche, beziehungsorientierte und im therapeutischen Dreieck oder Viereck wirksame Widerstandspotenziale nur sehr künstlich voneinander getrennt betrachtet werden können, da sie stets gleichzeitig interaktiv wirken können. Wir sortieren hier trotzdem, um angesichts dieses hochkomplexen Geschehens einen brauchbaren Überblick zu gewinnen.

Schnell wird dabei deutlich, dass die Phänomene des Widerstands bereits oft Wege zu ihrem Verständnis in sich tragen. Wir sehen in den Augen der Partnerinnen etwa die Angst vor dem Voranschreiten der Konfliktklärung – dies spiegelt die existenziellen Ängste wider, die eine »Notbremsung« erfordern und verstehbar machen. Oder wir erleben die Wut der Verzweiflung – und genau sie ist der Hintergrund in der Persönlichkeit des Partners (mitsamt der Geschichte narzisstischer Kränkung), die die Beziehung nahezu ruiniert haben mag und sich nun in der Beratungssituation gegen alle und jeden (auch gegen uns das Gute wollende Therapeutinnen) richtet. Wo also wird Authentizität zum Widerstand? Sicher nur da, wo wir ganz bestimmte Vorstellungen von einer erfolgreichen Paartherapie konstruieren.

Viele Menschen kommen nie in ihrem Leben von sich aus auf die Idee, eine Paarberatung aufzusuchen, auch wenn sie jahrzehntelang unter bestimmten – aus ihrer Sicht – beziehungsbedingten Befindlichkeiten leiden. Andere brauchen Jahre, um sich dazu durchzuringen. Manche kennen dieses Angebot, würden es aber nie für sich in Anspruch nehmen. Diejenigen, die irgendwann doch Beratung in Anspruch nehmen, tun es teilweise nur unter dem *Druck* von Trennungsdrohungen oder anderen bedingungsvollen Ultimaten des Partners. Welches *Bild von Paarberatung* in den Köpfen der Menschen existiert, während sie ihre Partnerschaft erleben, bleibt uns im Vorfeld solcher Entscheidungen weitgehend intransparent. Wenn überhaupt, so erfahren wir allenfalls etwas darüber, wenn sie vor uns sitzen. Wie viele es zum Beispiel als Beweis für das Scheitern ihrer Liebesbeziehung erleben, können wir nur erahnen. Retzer (2004) sieht es sogar als notwendige Voraussetzung einer Paartherapie an, dass etwas zu Ende gegangen ist und es nur mit einem Neuanfang in der Beziehung (weiter-)gehen kann. Im Erleben der Klientinnen mag das Sich-Durchringen zu einer Paarberatung oft als »letzter Akt« oder als entehrendes Resultat jahrelangen Niedergangs erscheinen. Wir können also davon ausgehen, dass eher Resignation und massive persönliche Hilflosigkeit (somit Furcht vor dem endgültigen »Misserfolg«) den Entschluss zur Beratung auslösen als die Hoffnung auf Erfolg.

So »musste« im Vorfeld etwa die eine vor uns sitzende Person die andere in die Beratung »mitschleifen«, sie überreden, ihr drohen oder sie geradezu bearbeiten. Und die andere Person sitzt nun motivationslos hier ohne jede Überzeugung von Sinnhaftigkeit und Erfolgsaussicht der ganzen Unternehmung. Wir halten als ersten möglichen Widerstandsfaktor die *Haltung der Person zu dem ganzen Komplex Paarberatung*, vielleicht sogar zur Beratung ganz generell, fest. Unsicherheit über das Prozedere und dessen Konsequenzen können wesentlich sein. Stellen wir uns mögliche innere Monologe vor: Ist die Paarberatung der letzte Beweis meines Scheiterns in den wichtigsten Dingen des Lebens? Wenn so etwas nötig wird, ist dann nicht ohnehin alles zu spät? Warum konnten wir uns selbst denn nicht helfen, hatten wir doch alles versucht? Und das nicht ahnend, dass sich in der Paarberatung gerade aus dem erlebten Scheitern einschließlich des immerhin schon Versuchten eine erste Fährte bzw. die Idee für mögliche zukunftsorientierte Lösungswege ergeben könnte.

Hieran schließt sich nun ein ganzes Spektrum möglicher zu erwartender oder gar sicherer intensiver *emotionaler Reaktionen* an, und zwar schon gleich zu Beginn des Unternehmens Paarberatung: Angst, Aggression, Schuld- und Schamgefühle werden hier spezifisch betrachtet und auch formuliert mit möglichen inneren Gedankenformeln der Klienten.

Wovor hat jemand Angst, der oder die sich in Paarberatung begibt? Reden zu sollen (überhaupt schon die Zumutung des Sichäußern-Sollens, etwas nach außen dringen zu lassen). Reden zu sollen über Intimes, sich eigene Sensibilität und Fragilität, innere Einsamkeit eingestehen zu müssen, von Sehnsüchten und Enttäuschungen sprechen zu müssen – etwas, das möglicherweise zuvor im Leben noch nie offen benannt wurde? Reden zu sollen über nicht Gelungenes und sich dabei der Beurteilung Dritter über höchst Persönliches aussetzen zu müssen. So könnte sich der innere Monolog der Partner anhören:

 »Ich soll mir also ehrlich zugestehen, was ich wirklich denke und fühle? Und was werden die Konsequenzen sein? Wird nicht hinterher alles noch viel schlimmer sein, wenn das ganze Elend quasi auf dem Tisch des Hauses liegt? Das ist nicht nur eine Reise ins Ungewisse, sondern vielleicht eine ins Verderben. Nachher sind wir wieder mit allem allein und müssen aushalten, dass wir uns selbst in den Dreck gefahren haben: Es war nicht Schicksal, sondern meine und deine Verantwortung! Kommen zu den schon bekannten Vorwürfen jetzt nicht noch neue, erst in der Beratung entdeckte hinzu? Und was, wenn wirklich Trennung auf die Tagesordnung gerät, unser ganzes bisheriges Leben zusammenbricht, eine haltgebende Struktur, so misslich es oft doch auch war, verloren geht?«

Möglicherweise gerät die Paarberatung zur letztlichen fundamentalen Entscheidung, zum Tribunal über das Schicksal der Beziehung. Wenn das Urteil des Beraters bzw. der Beraterin im Raum steht, gibt es dann noch eine Wahl, ein Zurück? Oder etwas gelinder: »Was werde ich in der Folge für Forderungen an Veränderung vergegenwärtigen müssen, etwas Ungewisses und Riskantes?« Daran gemessen könnten die Hoffnungen auf Rettung und bessere Zukunft ziemlich schnell verblassen, zumal wenn die Beraterin schon bald zu verstehen gibt, dass keine Chancen bestehen, ihr die Verantwortung zu übergeben, sie als Retterin zu nutzen oder auch nur sie als Hoffnungsträgerin für ein gutes Ende des Ganzen beanspruchen zu können.

 »Und überhaupt: Werde ich nicht sowieso untergehen, da mein Partner besser reden, argumentieren, überzeugen, verführen, Gefühle äußern kann, besser aussieht, schon immer in diesen Dingen mutiger, stärker, durchsetzungsfähiger, unverschämter, lauter, emotionaler, sensibler war (und ist) – und worauf es sonst noch in so einer Beratung ankommen könnte? Hier wird mein angekratztes Selbstbewusstsein womöglich endgültig auf den Grund gefahren. Ich werde als Verliererin, als Versagerin hier rausgehen. Aber zum Glück habe ich irgendwo noch meine Aggressionen zur Verfügung.«

Es sind viele Möglichkeiten direkter und indirekter Art gegeben, bereits im Vorfeld und am Beginn einer Paarberatung aggressive

»Duftmarken« (im Sinne von »Angriff ist die beste Verteidigung«)
zu setzen: keinen gemeinsamen Termin ermöglichen, zu spät kommen, einander im Auto schon »fertigmachen«, im Wartezimmer
auf ihn einreden, dass alles sein Fehler war, das Ganze für ohnehin
sinnlos zu erklären, die Beraterin beim ersten Sehen von oben bis
unten kritisch zu mustern, den Handschlag zu verweigern, sofort
loszureden oder erst mal beharrlich zu schweigen, aus dem Fenster
zu schauen oder die Beraterin zu ihrer Qualifikation zu befragen.
Uhren und Handys sind zudem ideale Werkzeuge zur inszenierbaren
Ablehnung des gesamten Geschehens. »Eigentlich bin ich nur meiner Frau zuliebe mitgekommen.«

Menschlich naheliegend wird auch die *Schuldfrage* früh in das
Gespräch eindringen, abhängig davon, wie sehr der einzelne Klient
auf diese Klaviatur innerer Verarbeitung ausgerichtet ist. Ist das
Täter-Opfer-Denken ausgeprägt und das Verständnis für interaktive
Problemproduktion nur rudimentär vorhanden, wird diese Thematik
großen Raum einnehmen, entweder in Übernahme oder Ablehnung
der Rolle des Schuldigen.

Dieses Hin und Her von Vorwurf, Verteidigung, Rechtfertigung
und Gegenangriff zeigt sich sehr häufig zu Beginn von Paarberatungen.
Beide wollen recht haben und vor dem Berater gut dastehen. So muss
er zunächst Überzeugungsarbeit für balanciertes ▸ beidparteiliches
Beachten und Arbeiten schaffen.

»Wissen Sie, mein Vorschlag wäre, dass wir in unserem Gespräch mehr 
darauf achten, wie es Ihnen beiden in Zukunft miteinander wieder
besser gehen könnte. Vielleicht wird dann die Frage, wer wohl wie
auch immer zu der Krise im Moment beigetragen hat, eines Tages im
Rückblick nicht mehr so wichtig erscheinen, auch wenn Sie das im
Moment sehr beschäftigt, so wie ja auch sonst in vielen Fällen von
Schuld gesprochen wird, wenn etwas passiert ist.«

Auch die Bereitschaft zu gegenseitigem Entgegenkommen oder zum
Ausgleich hängt davon ab, wie ausgeprägt die individuelle Tendenz
zur Übernahme täter- oder opfergetränkter Problemdefinitionen ist,
und zwar in Abhängigkeit von den bisherigen Lebenserfahrungen
des einzelnen Partners. Allerdings kann ein solcher Impuls zwecks

Einstieg in die Auseinandersetzung über gegenseitige Verantwortlichkeitszuschreibungen durchaus ein positives Ergebnis bewirken.

Schamgefühle (nach Hell, 2018, zu unterscheiden von Beschämung als aktivem Verhalten und Kränkungsgefühlen als Folge aggressiven Beziehungserlebens) dürften die bedeutendsten Faktoren in der Debatte um emotionale Widerstandsphänomene in der Paarberatung sein. Sie sind am verborgensten wirksam, aber durch vielfältige Aspekte auf den Plan gerufen, etwa so:

»Warum habe ich diese Beratung überhaupt nötig? Wird nun deutlich, dass ich als Partnerin weit unter dem geblieben bin, was ich von mir selbst in dieser Beziehung erwartet habe? Wird nun endgültig ein Urteil über meine Beziehungsfähigkeit gefällt? Was von all dem, das mir im Innersten zu schaffen macht und ich im Verborgenen halte, wird zur Sprache kommen (müssen)? Welche unerwartet peinlichen Themen werden auftauchen? Und ist nicht die ganze Situation einfach nur unangenehm, belastend, stellt sie nicht immer mehr vom derzeitigen Zustand im Leben infrage, als dass sie zu Neuem befreit und Mut macht? Schwächen und ›Fehler‹ zeigen und sich dazu bekennen müssen, das ist primär höchst unangenehm und der Gewinn zudem ungewiss.«

Das Schamrisiko entspringt also der Auseinandersetzung der einzelnen Partner mit sich selbst. Das ist ein unwillkürlicher und (auch positiv einzuschätzender) wie zugleich nicht zu verhindernder, die gesamte Beratung vollzeitig begleitender Prozess. Körperscham sowie personale und soziale Scham greifen fortlaufend ineinander. Mit ihrer Wirksamkeit ist in jeder Interaktion wie auch in den Pausen immer zu rechnen.

Auch in den bereits benannten Situationen von befürchteter oder tatsächlich stattfindender Beschämung eines Partners durch die andere Person liegt ein starkes Widerstandspotenzial für die Beratung. Andererseits ist oft ein Fortschritt in der Paarberatung ohne die (Wieder-)Erinnerung alter Kränkungen wie auch deren Benennung, Beschreibung, Bewertung und Bewältigung durch Vergebens- und Verzeihungsprozesse oder gemeinsames Betrauern nicht möglich. Ein therapeutisches Verweilen hierbei (Durch- und

Aufarbeiten, wie auch immer die Klientinnen sich dies vorstellen und ermöglichen können) kann oft eine erhebliche Investition in die Partnerschaftszukunft darstellen.

Individuelle Schamgrenzen stellen sozusagen den Rahmen dar, innerhalb dessen sich der Prozess der Paarberatung aktuell bewegen kann; sie sollen markiert, aber auch respektiert werden. Herausforderung und Überforderung können sich an diesen Grenzen nah beieinander konstellieren. Die Erfahrung wechselseitigen Respektiertwerdens darin kann aber auch ein wesentlicher Beitrag zur Weiterentwicklung einer Partnerschaft sein, vor allem für wenig selbstbewusste Partnerinnen in einer Opferposition: »Ich habe das Recht, darüber nicht sprechen zu wollen, und du hast das zu akzeptieren.«

Auch die Schambedrohung ist abhängig von bestimmten thematischen Schwerpunkten in der Beratung. So stellen möglicherweise sexuelle Problemschilderungen oder außerpartnerschaftliche Affären gewiss höhere Ansprüche an die emotionale Belastbarkeit des einzelnen Partners als die berühmte Eintrittskarte »Wir können nicht mehr kommunizieren« oder das Klagen über einseitige Aufgaben- und Verantwortlichkeitsverteilungen. Aber die Bedrohung des Selbstbildes und Selbstgefühls mag sich an diverse Minithemen in unvorhersehbarer Weise intensiv ankoppeln.

In der Beratung präsentierte *persönliche Problemtheorien* haben sich bereits vor dem Entschluss zur Paarberatung herausgebildet und müssen nicht zwangsläufig in gemeinsamen Vorstellungen beider Partner aufgehen. Besonders die Vorstellungen über eigene Anteile und Konfliktrollen (Beziehungsunfähigkeit, unschuldiges Opfer, ausgenutzte Versorgerin, sexuell Ungenügende, Unverstandener, ungerecht Behandelte, Einfach-nicht-so-gut-über Gefühle-sprechen-Könnender …) und die Verantwortlichkeit des Partners (durch ständiges Nörgeln oder Fordern, unvermittelte Aggressivität, Untreue, berufliches Versagen, faules Schmarotzertum oder Desinteresse am Familienleben …) mögen sich bereits verfestigt haben. Die inneren Problemdefinitionen und -erklärungen sind in der Beratung erst einmal nicht offensichtlich (oder blitzen nur selten offen auf). Sie sind aber mächtige »Widerstandsernährer«, da sie sich langwierig jeder Erschütterung durch Paarberatungsinterventionen oder nahegelegte Auffassungsveränderungen beharrlich zu widersetzen vermögen. Oft haben sich auch bereits Gesamtbilder von der Persönlichkeit der Partnerin oder auch der eigenen Person als Schablonen oder Denkmäler verfestigt und machen jede Vorstellung von Veränderung zunichte.

Wo Widerstand bewusst oder unbewusst sein soll oder gebraucht wird, quasi sein muss, werden sich reichlich Gelegenheiten finden, in der Paarberatung gefördert durch die höhere Zahl der an der kreativen Widerstandsgenerierung beteiligten Personen. So lassen sich beispielsweise am Beginn eines Beratungsprozesses mannigfaltige Probleme kreieren: bei der Findung eines gemeinsamen Termins, durch Unklarheiten über Ort und Zeit der Beratung (trotz glasklarer Informationen und Absprachen) seitens der Klientinnen, durch die Suche nach geeigneten Räumlichkeiten (mehr Fläche als für die Einzelberatung wird auch zum körperlichen Erleben entstandener Distanzen benötigt und zur Möglichkeit für die Beraterin, angemessene und gleiche Distanz zu den Partnern zu wahren). Auch auf dem Weg zur Beratung (gemeinsam oder getrennt) können wesentliche Weichen gestellt werden, bis hin zu Absprachen über gemeinsam produzierte Widerstände: »Darüber redest du aber (heute) nicht.« Häufig konstelliert das Gespräch oder das Schweigen bei der gemeinsamen Anfahrt im Auto bereits die Stimmung beim Einstieg in die Sitzung, sodass die Frage nach dem Weg zur Beratung durchaus Element der Widerstandsanalyse sein kann. Die Entfernung des Anfahrtsweges mag Entschuldigungen für Verspätungen liefern, die für die Beratung »Zeichen« setzen. »Geht es hier etwa los ohne mich?« »Was bedeutet es, dass du schon wieder zu spät kommst?« Häufige Argumentationen sind auch Arbeitsbedingungen und -wege, Absagen wegen urplötzlich angesetzter Überstunden oder auch Schwierigkeiten, zu bestimmten Tageszeiten oder an bestimmten Wochentagen präsent sein zu sollen. Auch Kinderbetreuungsbedarf kann gelegentlich die Dauer der Sitzungen begrenzen. Maximiert werden diese (externen) Widerstandsfaktoren bei räumlich getrennt lebenden Paaren oder auch bei Paaren, bei denen der Trennungsprozess bereits im Verlauf der Beratung agiert wird, besonders dann, wenn Absprachen nur über eine der beiden Personen getroffen wurden, was bei begrenzten Verwaltungskapazitäten der Beratungseinrichtungen schon vorkommen kann. Scheitert der pünktliche Sitzungsbeginn nicht bereits daran, dass eine Person noch fehlt, so fallen auch gern versehentlich nicht abgeschaltete Mobiltelefone oder spontan erforderliche Handybenutzungen als Widerstandsphänomene auf (»Ich muss Ihnen unbedingt zeigen, was sie mir gestern gewhatsappt hat«). Auch intensive Wartezimmerkommunikationen über nicht beratungsrelevante Inhalte sind häufig: »Herr Schneider hat gerade angerufen, dass es mit dem Kredit für die neue Küche noch nicht geklappt hat, was sollen wir dem sagen?« Einhaken mögen widerstandsfreudige Partner auch gern bei den Themen Honorar, Bezahlung und Praxis der Sitzungsausfallhonorierung. Dies hängt gegebenenfalls aber auch davon ab, ob das therapeutische Gegenüber »um des lieben Friedens und der Paarmotivation willen« diese Themen zunächst noch nicht anschneidet, ebenso auch die Frage »Wer zahlt eigentlich für die Paarberatung, haben Sie das schon miteinander geklärt?«.

Zu Beginn der Sitzung wird vom Paar gern die »Kinositzordnung« gewählt: Beide Partner sitzen nebeneinander und schauen erwartungsvoll auf die Beratungsperson gegenüber. Nur mit Intervention der Beraterin ist in der Regel eine Dreiecks- oder eine anders geeignete Sitzordnung zu erreichen, bei der die Partner sich anschauen können oder zugewandt sind bzw. sich dafür anstrengen müssen, den Kontakt zu vermeiden.

Widerstandsfaktoren in der ersten Phase der Paarberatung (und mit Wiederholungstendenz in späteren Phasen) sind Uneinigkeiten bei der Veranlassung und der Bereitschaft zur Beratung. Willi (1985, 1990) bezeichnet dies als unterschiedliche »Beratungswilligkeit«. Was weiterhin eine Rolle bei der Widerstandsformierung spielt, sind unklare Hinweise auf die Merkmale der Beratung (»Streittraining«), falsche Vorstellungen aus Medien oder Fremdschilderungen (»Spezialist für gescheiterte Kommunikation«), unterschiedliche Anregungen von außen durch Personen mit unterschiedlichen Distanzen zu den Partnern (»Deine Freundin hat sich trotzdem danach scheiden lassen«), Vermittlungen zur Paarberatung durch unterschiedliche Bezugspersonen oder Institutionen. Es ist natürlich auch nicht auszuschließen, dass dieselben Faktoren motivationsfördernde Wirkung haben können. Ist aber Widerstand erforderlich, so ergeben sich dafür probate Mittel.

Widerstand in der Paartherapie verstehen

Tiefenpsychologische Überlegungen zum Verständnis von Widerstand und Anwendung auf die Paarbeziehung

Wöller und Kruse (2010) sehen in ihrem Lehrbuch der tiefenpsychologisch fundierten Psychotherapie Widerstandsdynamiken generell als wesentlich für den therapeutischen Prozess an: »Als Widerstand bezeichnen wir alle Phänomene im Therapieprozess, die sich dem Erreichen der Therapieziele [...] dem Wirksamwerden einer Intervention [...] entgegensetzen« (S. 210).

Generell sollen durch den Widerstand unangenehme Affekte vermieden und dem Therapeuten vorenthalten werden (Schutzfunktion des Widerstands). Insofern soll Widerstandsverhalten auch die therapeutische Beziehung regulieren, in gewissem Sinne in ihrer Bedeutsamkeit herabsetzen. Der Katalog der (in der Regel unbewussten) Widerstandsphänomene (Wöller u. Kruse, 2010, S. 212) ist umfangreich: vom Schweigen über das zu viel oder über irrelevante Inhalte Reden bis hin zum Sich-Verspäten oder unentschuldigten Ausfallenlassen der Sitzungen, insgesamt unter Anwendung aller bekannten Abwehrmechanismen. Im ▸ Übertragungs- und ▸ Gegenübertragungsgeschehen bieten sich dem Widerstand viele »Trigger«; auch die Therapeutinnen sind mit ihrem Agieren ein starker Faktor. Wöller und Kruse betonen, dass durch die Arbeit an den Widerständen (Widerstandsanalyse) heftige Ängste bei den Klientinnen ausgelöst werden können, besonders wenn »aktuelle Beziehungen durch die freiwerdenden Emotionen betroffen sind« (Wöller u. Kruse, 2010, S. 218). Dann bietet sich an, die Paarberatung in den Blick zu nehmen, in der nicht nur die therapeutische Beziehung, sondern vor allem die (existenziell besonders bedeutsame) Paarbeziehung als bedroht erscheinen kann. Es könnten etwa aggressive Impulse angsteinflößend wirksam werden. Die Autoren Wöller und Kruse beschäftigen sich nicht mit Paarbeziehungen als Feld der Therapie. Dennoch lassen sich wesentliche Sichtweisen auf die Einzelpartner oder das Paar beziehen.

Willi (1985, 1990) hingegen lokalisiert das paartherapeutisch spezifische Widerstandspotenzial an verschiedenen personalen Orten und in unterschiedlichen Interaktionszirkeln. Zunächst unterscheidet er unter den Partnern die beratungsinitiierende und die beratungsskeptische Rollenaufteilung, oft konfundiert mit der progressiven und regressiven Position in der Paarbeziehung. Die Partner fürchten den Verlust dieser Positionierung und entsprechend auch den Verlust des damit verbundenen Symptom- oder Krankheitsgewinns durch die Therapie. Willi warnt ausdrücklich davor, die regressivere Position wie auch die behandlungsunwilligere Person für die Widerstandsphänomene allein verantwortlich zu machen. Immer konstruiere das Paar gemeinsam das Widerstandsgeschehen. Allerdings sei die Paartherapeutin in der Regel am Widerstandsgeschehen nicht unbeteiligt, zunächst schon einmal durch die eventuellen eigenen Zweifel an der Sinnhaftigkeit und Wirksamkeit paartherapeutischen Vorgehens. Hinzu kommen multiples Übertragungs- und Gegenübertragungsgeschehen, durch das die behandelnde Person ihre Neutralität oder Beidparteilichkeit verlieren und so die Widerstände des Paares durch inadäquate Äußerungen stärken könne. Allerdings ermutigt Willi ausdrücklich zur transparenten und authentischen Bearbeitung dieser »therapeutischen ▸ Kollusionen« und sieht darin modellhaftes Vorgehen, von dem das Paar für die eigenständige Konfliktbearbeitung vieles lernen könne. Auf jeden Fall macht sein Ansatz deutlich, dass in jeder Paartherapie mit Widerstand zu rechnen ist, dieser als Schutz des gemeinsamen Beziehungssinns und -lebens zu verstehen ist und somit der Therapeutin sogar hilfreiche Hinweise auf die Interaktionsdynamik geben kann.

»Lieber nicht spüren«: Widerstand als Konsequenz emotionaler Abwehrprozesse

Emotionale Abwehrmechanismen unterschiedlicher ▶ Strukturniveaus werden in der inneren Verarbeitung der Beratung sowie im verbalen und offenen Verhalten wirksam werden.

Beispiele für ein eher höheres Strukturniveau:
»Es ist doch alles gut, wie es ist, nur du müsstest … Dann ist es wieder wie früher.«
»Du weißt doch, dass wir uns lieben, wo ist das Problem?«
»Da war doch nichts, das wird nur von dir hochgespielt.«
»Du bist ja immer lieb, schuld ist nur deine Mutter.«
»Im Bett ist doch alles in Ordnung, was willst du eigentlich?«
»Dass wir hier sitzen, verdanken wir nur deiner Verliebtheit in irgendwelche Probleme, die dir deine Freundinnen eingeredet haben.«
»Weißt du, an so was sind immer zwei beteiligt …«
»Das liegt nur daran, dass du den Beruf über alles stellst …«
»Wenn wir den Sex ausklammern, läuft es doch gut, oder …?«

Beispiele für ein eher niedrigeres Strukturniveau:
»Ich verstehe dich einfach nicht …«
»Aber es ist doch alles gut.«
»Wenn du gehst, bringe ich mich um.«
»Ich wusste schon immer, dass ich nicht der Richtige für dich bin.«
»Du bist doch selbst dran schuld, dass ich dich betrügen musste …«
»Dann geh doch einfach, wenn es mit mir so furchtbar ist.«

Der ganze reiche Katalog möglicher Abwehrformen gegen bedrängende Gedanken und Gefühle kann im Paarberatungsprozess innerlich und interaktiv zur Anwendung gelangen. Ausgesprochen wird mit Sicherheit nur das Vor- oder schon Bewusste. Der unbewusste Abwehrkomplex wird oft nur diffus spürbar sein und es braucht viel Mut, Geschick und vor allem auch Geduld der Beratungsperson, zum geeigneten Zeitpunkt diese multiplen Ängste zur Sprache zu bringen, ohne dabei Neutralität und ▶ Containment zu gefährden.

»Wie soll ich es nur ausdrücken?« Widerstand als Konsequenz von Mentalisierungsdefiziten

Defizite im ▶ Mentalisieren machen es den Partnern schwer, sich selbst zu artikulieren wie auch Gefühle und Gedanken des anderen wahrzunehmen und zu verarbeiten. Dies begünstigt grundsätzlich und längerfristig Zirkel von Nichtverstehen und destruktiver Eskalation. Die viel benannte Sprachlosigkeit und Kommunikationsunfähigkeit im Beziehungserleben kann etwa in einer beidseitig verminderten Fähigkeit zur genauen psychischen Repräsentation und Versprachlichung von Affekten begründet sein. Verlustängste aus vergangenen Erfahrungen von Bindungsunsicherheit lassen sich schwer mitteilen; sie erschweren unter ungünstigen Umständen auch die Vertrauensbildung zur Beratungsperson.

Entsprechend einer gängigen Differenzierung von Mentalisierungsdefiziten lassen sich verschiedene Widerstandsarten zuordnen (vgl. Rottländer, 2020): Im *Als-ob-Modus* erscheinen Äußerungen sprachlich authentisch; die dabei geschilderten Affekte sind aber wenig spürbar (gerade von beratungserfahrenen Paaren mitgebrachter Psycho-Jargon). Im *Äquivalenzmodus* ist jegliche genaue Sensibilität für sich und andere abgeschaltet und die Personen ergehen sich in Generalisierungen, Allgemeinplätzen (»ist doch normal«). So wird die innere Wahrnehmung und Bewertung der Welt durch die Person eben dieser und allen anderen Menschen übergezogen, die Realität der eigenen Empfindung zu- und untergeordnet: »Es ist so, weil ich es so sehe, denke, fühle, beurteile.« Schließlich lässt sich in der *instrumentellen Mentalisierung* erkennen, wie andere Menschen und Situationen unter bestimmte Erwartungen und Vorhaben gezwungen werden. Typische Artikulationen sind: »Nur wenn du …«, »Dass du …, bedeutet …«, »Ich spüre genau, dass du …«, »Sie können uns sowieso nicht helfen«, »Du regst mich so auf, dass ich …«, »Ich kann überhaupt nichts mehr denken, weil du …«.

Die Arten und Stile der Mentalisierung der Partner mögen sich unterscheiden (auch vom Stil des Paartherapeuten), was weiteres Widerstandspotenzial birgt: Der eine ist gefühlsbetonter, die andere rational-kognitiver; beim einen kommt alles wie »aus der Pistole geschossen«, die andere ist lange still, bis überhaupt etwas rauskommt, oder die Fokussierung ist stärker auf das eigene Empfinden oder die äußere Situation des Paarlebens orientiert.

Rottländer (2020) hat ein eigenes Konzept zur Paartherapie unter besonderer Betonung der Förderung von Mentalisierungskompetenz vorgelegt. Seine Interventionen sollen das Mentalisieren bei Paaren beflügeln. Dies geschieht systematisch übend in vier Schritten:

- die andere Person rein äußerlich beschreiben (unter Wahrung der Unterscheidungen von Wahrnehmung, Bewertung, Interpretation);
- sich selbst von innen sehen (mit Differenzierung der eigenen Gefühle);
- die andere Person von innen sehen (Sensibilisierung und Aufmerksamkeit);
- sich selbst von außen sehen.

Auf diese letzte Dimension werden wir später bezüglich ihrer Verwandtschaft mit der psychodramatischen Technik des ▶ Spiegelns zurückkommen. Gerade in diesem Perspektivenwechsel scheint die Meisterschaft der bewussten Beziehungsgestaltung zu bestehen. Dieser »▶ Rollenwechsel«, wie er systemisch auch im zirkulären Fragen vollzogen wird, ist, wenn der anfänglich massive Widerstand dagegen bewusst und deutlich gemacht wird und der Perspektivenwechsel möglich wird, ein sicheres Zeichen des Fortschreitens in der Paartherapie. Der Begründer des Psychodramas, Jacob Levy Moreno, hat diese Fähigkeit als »Zweifühligkeit« oder »▶ Tele« bezeichnet. Das Relativieren – und letztlich das partielle Sich-Lösen von – der eigenen Weltsicht scheint ein wesentlicher Wirkfaktor in gelingenden Partnerschaften zu sein, allerdings verbunden mit einer authentischen und aktiven Präsenz in der Selbstäußerung der eigenen Person (der »Selbstvalidierung« der eigenen Gedanken, Gefühle und Bedürfnisse; vgl. Clement, 2004). Das Fehlen beider Kompetenzen macht vieles am Widerstandsgeschehen verständlicher.

»Es soll bleiben, wie es ist«:
Widerstand als Konsequenz rigiden Rollen-
verständnisses und Problemverhaltens

Widerstand gegen Veränderung innerhalb der Paarkonstellation und damit verzögerter Fortschritt in der Paarberatung kann auch bedingt sein durch die Unfähigkeit, Distanz zum eigenen gewohnten Rollenverhalten zu schaffen. Eine Selbstkonfrontation mit Infragestellung der von der sozialen Umwelt und der eigenen Biografie belohnten Identifikationen/Rollenkonserven ist dafür notwendig. Gelingt sie nicht, stagniert der Prozess. Das Aufgeben solcher Rollenmuster als Preis für eine zufriedenstellende Paarbeziehung kann schwerfallen. Zu nennen wären zum Beispiel überdurchschnittliches berufliches Engagement, jahrzehntelange Freundeskreise oder Cliquenzugehörigkeit, Sport- oder Hobbyleidenschaft, Onlineweltleben, intensives Engagement in Ehrenämtern oder öffentlichen Ämtern, intensive (Geschäfts-)Reisetätigkeit. Anderweitige Lebensinteressen und -bedürfnisse müssen ja mit dem Paarleben kompatibel gestaltet werden. Wo dies unterbleibt oder nicht geleistet wird oder werden kann, ist mit (selbst-) verteidigendem Widerstand zu rechnen.

Spezifisch produziertes Problemverhalten (Retzer, 2004) ist überproportional im Dialog der Partner und im therapeutischen Dialog präsent. Meistens in quälend langen Vorwurfserzählungen mit bedrängender Notwendigkeit geschildert, verstopft es zeit- und aufmerksamkeitsfressend die Durchlüftung der Paarsituation durch (unterlassenes) konstruktives Lösungsverhalten, das bestenfalls als Ausnahme gewürdigt oder in seiner Bedeutung gar nicht erkannt wird. Dabei ist es oft von einer genauen Beschreibung als Kontrast oder Gegenpol des Problemverhaltens her entwickelbar (Mary, 2008). Vonseiten des Paartherapeuten wäre erst einmal zum Denken in Lösungskategorien einzuladen, da dieses bei den Partnern von vornherein meist nicht artikuliert und nicht gepflegt wird.

»So soll, so muss es sein«:
Widerstand als Konsequenz von Erwartungen
und Vorstellungen zur Paartherapie

Wie schon Herr K. bei Bertolt Brecht erwähnt, kann die Liebe zu einem Menschen sich wesentlich darin äußern, ihn einem eigenen Entwurf gemäß ändern zu wollen, statt den eigenen Entwurf (das eigene Bild von dem oder der anderen) zugunsten der Realität der Partnerin, die ja erst einmal zu ergründen wäre, zu modifizieren. »Traumpartner«, »Traumpaar« und »traumhaft wahre Liebe« sind von individuellen und gesellschaftlichen Bedürfnissen und Sehnsüchten geprägte (Glücks-)Vorstellungen. Solche Bilder und Mythen beeinflussen die Paarbeziehung und können in konstruktiver wie destruktiver Weise wirksam werden. Szenisch-aktionsorientiertes Arbeiten bietet gute Möglichkeiten, diese innere Welt zu erhellen, zu konkretisieren und ihre Funktion zu verstehen. Hierzu zwei kurze beispielhafte Szenerien aus eigener Praxis:

Frau O. findet, dass ihr Mann zu viel mit seinen Kumpels unterwegs 
sei. So habe sie sich die Ehe nicht vorgestellt. Die O.s sind ein sehr
junges Paar, erst kurz verheiratet. »Du wolltest doch immer zu Hause
bei mir sein und auf mich aufpassen.« Mich beschleicht beim Hören
dieser Bemerkung ein eigenartig ambivalentes Gefühl und ich bitte
Frau O., diese Vorstellung in einer Szene aufzubauen. Dabei gebe ich
Herrn O. die Instruktion, auch wirklich »aufzupassen« auf seine Frau.
Er nimmt eine Beschützerhaltung ein, legt die Arme um die Schulter
seiner Frau. Ich instruiere ihn, diese Haltung zu verstärken und einen
dazu passenden Satz zu finden. »Ich passe auf dich auf, damit ich mir
sicher sein kann, dass du immer bei mir bleibst.« Eine überraschende
Wendung! Ich frage Frau O., wie sie sich fühlt. Sie fühlt sich erinnert an
eine Szene mit einem früheren Freund, den sie verlassen habe, obwohl
er sie sehr geliebt habe. »Seine Art ist mir auf die Nerven gegangen,
obwohl er ein sehr lieber Mensch war.« Das sei bei ihrem Mann anders,
sodass sie bei ihm geblieben sei. Er sei unabhängiger, stärker, weniger auf sie angewiesen; manchmal fehlten ihr aber sein Vertrauen
und sein Interesse; das sei bei dem früheren Freund besser gewesen.
Dennoch entspreche ihr Mann ihren Vorstellungen und Erwartungen

»irgendwie« besser. Im Rollenwechsel spielt Frau O. kurz einen »Idealpartner«, wie er mit ihr (leerer Stuhl für sie) umgehen würde. Dieser lässt ihr Raum, kommt dann aber auch mal wieder ganz zu ihr, aber romantisch, nicht besitzergreifend. Im Nachgang der Szene gibt es einen lebhaften Austausch zwischen Ehepartnerin und -partner; dabei werden auch aggressive und eifersüchtige Impulse auf beiden Seiten deutlicher. Der Erwartungshintergrund von Frau O. lässt sich sowohl aus ihrer Beziehungsgeschichte als auch von ihrem Idealpartnerbild her verstehen.

Frau C. steht unter dem Druck, schwanger werden und ein Kind haben zu müssen. Dies fordern vor allem ihre Eltern; aber auch ihre langjährig verheirateten Geschwister sehen ihre Ehe zumindest vorübergehend als noch nicht vollwertig an. Frau C. meint, im Grunde würde es ihr und ihrem Mann so ähnlich gehen. Eine Schwangerschaft wäre sozusagen der Beleg und Beweis ehelichen Glücks. Frau C. ist inzwischen mit dieser Vorstellung weitgehend identifiziert. Da sie schon eine Fehlgeburt hinter sich hat, bewegt sie sich auf einem hohen Angstniveau. Könnte sie ihr persönliches und das Glück ihres Mannes gefährden? In zwei Szenen versuche ich mit dem Paar, der Substanz von Frau C.s Ängsten nachzugehen. Es wird noch einmal die Paarsituation nach der Fehlgeburt nachempfunden sowie ein fiktives Gespräch darüber geführt, wie ihr Leben unter ungünstigen Umständen ohne Kinder aussehen würde. Es zeigt sich, dass Herr C. hier keinen Druck ausübt, sondern – wenn auch verunsichert – solidarisch mit seiner Frau ist und sogar bereit wäre, seinen Schwiegereltern gegenüber zu ihr und zu eventuellen Schwierigkeiten in der Ehe zu stehen. Dies ermöglicht Frau C. in einer weiteren Szene, den fiktiven Eltern (symbolisiert durch zwei Kissen) gegenüber Position zu beziehen und ihre Ehe auch (vorläufig) ohne Kind zu vertreten.

Anmerkung: In diesen Beispielen sind von mir verschiedene psychodramatische Methoden verwendet worden (Reinszenierung brisanter Gespräche, Verkörperlichung, Maximierung, Interview in der Rolle, Rollenwechsel). Im weiteren Verlauf dieses Textes wird auf deren Verwendung und Wirkung noch näher eingegangen werden. Widerstandsfördernd sind natürlich auch unrealistische Erwartungen an die Beratung: verborgene Glücks- und Sehnsuchtsvorstellungen als

Beratungsziel, kommunikationsbefreite oder -befreiende dauerhafte Harmonie, Lösungen, die durch die Paartherapeutin geliefert werden, Entscheidungsabnahme bei den Fragen nach Trennung oder Zusammenbleiben, Nutzung der Paarberatungsperson als Sprachrohr eigener Frustration und Vorwurfsberechtigung.

Woran es noch liegen könnte: Widerstand als Konsequenz aktueller Lebenslagen

Gut zu verwenden als Widerstand gegen Fortschritte eines Paarverständigungsprozesses sind auch aktuelle Lebenssituationen, -phasen der Partner ebenso wie bedeutsame Differenzen/Unterschiede zwischen den Partnern und die damit verbundenen Zuschreibungen, wenn sie als Mittel zur Erschwerung gemeinsamer Perspektiven oder Lösungen eingesetzt werden:

– Altersgruppenzugehörigkeit: »Du wirst mich sicher mal nicht pflegen, wenn es so weit ist. Da muss ich jetzt an mich denken.« »Ich habe genug von deiner Partyrennerei – komm doch mal zur Ruhe!« »Seit du im Ruhestand bist, ist unser Leben nur noch langweilig.«
– Bildungsniveau: »Immer hängst du mit deinen Klugscheißerfreunden zusammen.« »Theater, Museum, Bücher, nichts interessiert dich – immer nur die blöden Shows.«
– Einkommensunterschiede: Wer »sorgt« für wen, wer hat für wen im Laufe der Partnerschaft gesorgt? Wer zahlt wofür? Wer hat dadurch das Sagen? Wer finanziert die Paartherapie? Welche »ungeschriebenen Gesetze« gelten finanziell und gegebenenfalls für »Ausgleiche«?
– Berufliche (Un-)Zufriedenheit und beruflicher Status: Mögliches »Austragen« an der Partnerin, Hineintragen beruflicher Belastung in die Paarbeziehung, sich der Paarbeziehung entziehen durch Arbeit/Beruf.
– Familien- oder Single-Orientierung im bisherigen Leben: »Familienmenschen« vs. »Einzelgängerinnen«: unterschiedliche Werte und Prioritäten, Ansprüche und Loyalitäten.
– Beziehungserfahrung mit Versuchen und Scheitern: Übertragung/ Wiederholung von Erfahrungen aus früheren Beziehungen, Rest-

emotionen zu früheren Partnerinnen, Bevormundung durch
»lebenserfahrenere« Partner.
- Unterschiedliches Ausmaß an Elternerfahrungen: Spannungen
durch Bevorzugungen oder Benachteiligungen von Kindern aus
früheren Beziehungen, konkurrierende Eltern- und Partner-
rollen.

Spezifische Gefährdungen eines gelingenden Paarberatungsprozesses
können auch resultieren aus einer Jobüberlastung oder -über-
forderung einzelner Partner, einem beschränkten Zeitbudget der
»Multifunktionsfamilie« und sonstigen Stressfaktoren aus ander-
weitigen familiären Situationen, etwa durch umfassende Elternver-
antwortlichkeiten oder entsprechendes Überengagement zulasten
von Beziehungszeit und -energie.

Typisch Mann – typisch Frau:
Widerstand aus Gender-Rollenmustern

In der Regel haben wir es in der Paartherapie mit Menschen unterschiedlichen Geschlechts zu tun. In deren Lebenserfahrung und
Lebenspraxis spielt dies in Persönlichkeitsausprägung und Verhaltensrepertoire eine wesentliche Rolle. In der Paarbeziehung pral-
len gelernte und von Überzeugung getragene Mann- und Frau-Muster
aufeinander. Eingeschliffene, gewohnte Bilder von Männlichkeit und
Weiblichkeit (selbstgemachte und angenommene Gendersterotype)
in der Form selbstgesteuerter Verhaltensmuster zeigen Auswirkungen
auf das Rollenverhalten auch in der Beratung (Schweigen – Reden,
Fühlen – Denken, Dominanz – Anpassung, Aktivität – Passivität).
Jede Person will auf ihre Weise gut Mann oder Frau sein und hier-
durch den eigenen Selbstwert demonstrieren und stärken. Diese
Rollenklischees dominieren gegebenenfalls auch die Kommunikation mit der männlichen oder der weiblichen Paarberatungsperson.

Zusammengefasst lautet die zentrale These aller dieser Aspekte:
Innerhalb der Person repräsentieren diverse Ängste und Selbst-
schutzmechanismen eine Furcht vor der Freiheit zur selbstvalidierten
Bedürfnis- und Wesensäußerung, zur Empathie mit der Partnerin,

zur offenen Kommunikation und zur Auseinandersetzung mit den Anfragen des Therapeuten bzw. der Therapeutin an Innenleben, Beziehungslage und Verantwortung inklusive der zukünftigen Entwicklung der Paarbeziehung.

»So sind wir nun einmal«: Widerstandsaspekte in der Beziehungsdynamik

Die Motive für eine Paarberatung, seien es »wunschloses Unglück«, Langeweile, Überdruss an der Alltäglichkeit der Ehe oder Beziehung, Individuationsbedürfnisse, die pure Dauer der Beziehung und das kaum spannende Vergehen der Zeit, eine spezielle Lebensphase, kritische Lebensereignisse oder andere dynamische Erschütterungen wie Fremdgehen, Finanzprobleme, Krankheiten, Erwartungsenttäuschungen und Desillusionierungen, tragen alle in sich die Triebkraft (Entschlossenheit, Verzweiflung), etwas zu verändern. Aber zugleich ist da auch die Trauer um das zu Verlierende und die Angst vor der Veränderung des Vertrauten, Gewohnten, des Sicherheit Gebenden. Diese Konflikthaftigkeit verursacht die Widerstandsdynamik im Paarberatungsprozess.

Die (überwiegend unbewusste) gemeinsame Sinngebung der Paarbeziehung kann eben auch die Quelle des Leidens an ihr sein. Trotzdem wird es nicht leicht sein, auf sie zu verzichten, sie aufzugeben (vgl. Stiemerling, 2006).

Gegen die Erschütterung der eingefahrenen Beziehungsmuster gibt es eine gemeinsame Abwehr des Paares (Kollusionskonzept von Willi), die diesem aber gerade die unbewusste Begründung für diese Beziehung liefert. Die Erhaltung dieser Funktion der Kollusionen erfordert in der Beratung eine Mobilmachung der Beziehungsbegründung aus dieser Rollenverteilung heraus, die eine Fixierung des Bisherigen nahelegen könnte. Ein Phänomen könnte dann auch sein, dass das Paar sich gegen die Beraterin zusammenschließt, um sich zu stabilisieren.

So kann der Paartherapeut fragen, warum diese Paarberatung eigentlich stattfinden soll, wieso jetzt und mit welchem Ziel. Provozierend kann er den Nutzen des Status Quo und die Nichtveränderungsnotwendigkeit betonen, um den Widerstandsdiskurs in

Gang zu bringen, der dann erst den Sinn der Beratung erschließbar macht und die Beratungsperson vom Erwartungsdruck befreit.

Bei vielen Paaren sind Kontakt und Kommunikation schon sehr reduziert bzw. eingeschränkt und in Vorwurfs- oder Rechtfertigungsmodi festgefahren. Dies kann den Austausch und die Gewinnung von Neuland zunächst einmal blockieren, da der Motor dazu erst wieder angeworfen werden muss, was gerade nur in der Beratung passiert. Und das positive Erleben von Austausch muss erneut geweckt werden; Grund der Reduzierung sind Angst und Überdruss gegenüber dem immer gleichen Negativen.

Die Problemdefinitionen beider Partner unterscheiden sich in der Regel deutlich, schon hinsichtlich der hauptsächlichen Kausalattribution. Es ist erforderlich, beiden Versionen Platz zu geben, sie als nachvollziehbar zu bestätigen und in Relation zueinander zu setzen, um so ein gemeinsames Einsteigen in das Verstehen und die Entwicklung dieser Definitionen zu ermöglichen. Dennoch können sich individuelle Vorbehalte erhalten und eine Infragestellung der eigenen Theorie kann von dem entsprechenden Partner aggressiv abgelehnt werden, wenn dessen Selbstschutzfunktion unterschätzt wird. Ein Wettbewerb der unterschiedlichen Sichtweisen und Deutungen ist wahrscheinlich, solange noch an der Neutralität der Beratungsperson gerüttelt wird.

Ganz ähnlich werden unterschiedliche Sichtweisen bei der Frage nach bisherigen Lösungsversuchen und deren Erfolgseinschätzung aufkommen. Was die eine als Versuch zum Besseren anpreist, wird vom anderen als Verschlimmerung erlebt.

»Seit du dauernd mit mir reden willst, kann ich nirgendwo mehr meine Ruhe haben am Feierabend.«
»Da lädst du mich zum teuren Essen ein, und dann haben wir uns doch nichts zu sagen …«
»Wenn du meinst, deine Affäre löst unsere sexuellen Probleme …«

Besondere Aufmerksamkeit mögen langfristige »grundsätzliche« Lösungsversuche verdienen, in denen eingefrorene Grundhaltungen wie sich ergänzende oder wettbewerbende »Zuständigkeiten« in der Beziehungsdynamik verdeutlicht sind. Gegenseitige dauerhafte

Rollenzuschreibungen oder Persönlichkeitseigenschaften, auf die sich beide geeinigt haben, begrenzen Spielräume in der Beziehungsdynamik (Kopf/Herz, rational/emotional, Finanzminister/Außenministerin, Sex/Zärtlichkeit, Initiative/Bedenken, aktiv/bremsend usw.).

Eine chronische Streitlage beim Paar (vgl. Koschorke, 2013) kann hoch stabilisierend und in ihrer Vitalfunktion für beide Seiten bedeutsam sein. Sie kann als ein klassisches Paradebeispiel für gemeinsamen Widerstand gesehen werden, beherbergt aber sicher ein hohes Maß an thematischen und emotionalen Triggerpunkten für eine konstruktive Beschäftigung mit der (in diesem Fall leidenschaftlichen) Paardynamik.

Gerade in offenen oder unterschwelligen chronisch festgefahrenen Streitlagen ist die Ambivalenztoleranz beim Paar gering ausgeprägt. Sowohl die inneren Unsicherheiten und Spaltungen wie auch die Schwingungen in den Gefühlen zum Partner werden eingeebnet zur Energiemobilisierung in der Auseinandersetzung. Die ausgesparten Aspekte mögen sich in der Reue »am Tag danach« wieder einstellen. Oder in der Situation der Beratung bringt sie die Beratungsperson zeitnah zur Wahrnehmung und zur Sprache.

Die Frustrationstoleranz mancher Partner wird in Beziehungskrisen überbeansprucht. Taucht ein solches hoch frustrierendes Thema nun in der Beratung auf, so wird auch hier gegebenenfalls gebremst oder ausgestiegen.

Gerade in Situationen möglicher Verletzungen der Beidparteilichkeit durch die beratende Person wird der Trotz der Partner gegen das »Besserwissen« der Beratung geweckt: Widerstand um jeden Preis ist angesagt, wenn ein Teil des Paares seine Position so gefährdet sieht, dass in der Gesamtkonstellation der Beratung sein »Untergang« droht. Existenzielle Aspekte, wie nicht gesehen werden, von wichtigen Bezugspersonen verlassen und vergessen werden, sind im Spiel und führen zu extremen Übersprungszenarien (den Raum verlassen, aufspringen und hilfesuchend ans Fenster treten).

Für die Beziehungsdynamik rund um die Paarberatung ist der soziale Kontext des Paares von hoher Bedeutung. Spezifische Widerstandsauslöser können sein: Kinder, deretwegen nichts Trennendes durchschlagen darf; Verwandtschaft, die von den Problemen nichts erfahren soll oder sich womöglich bereits eingemischt hat; Freundinnen, die möglicherweise einseitig informiert wurden oder als idealisierte Alternative oder auch als noch schlimmeres Beispiel von Partnerentfremdung gelten können; Kolleginnen, die mitfühlend nachfragen, was denn los sei; Eltern und Schwiegereltern, die in die Problematik mitverstrickt sind; religiöse Orientierungen, die die Einweihung Dritter peinlich und ehrverletzend beurteilen; Migrationshintergründe und damit verbundene andersartige Partnerschafts- und Eheregeln mit entsprechenden Tabus. Wie wird in diesem Kontext die Beratung gesehen und bewertet und was löst die Tatsache der Paarberatung im Kontextumfeld aus? Welchen Einfluss nehmen Dritte im Hintergrund auf den Beratungsprozess?

Zu rechnen ist auch mit Vorbelastungen der Paarberatung, die in der Beziehung während des Such-, Überlegungs- und Entscheidungsprozesses entstanden sind: Bedingungen, die gestellt wurden, Drohungen als ausgesprochenes oder als unausgesprochenes Potenzial, Psychoterror, Ultimaten, festgefahrene Ideen über Täter- und Opferrollenverteilungen der Partner oder bedeutsamer Bezugspersonen.

Bereits trennungsorientierte Partner versuchen gern, den anderen im Zuge der Beratung zu pathologisieren und bei der Beraterin »abzuliefern«. Den Partner in die Obhut der Beratungskräfte zu geben, damit die Trennungskonsequenzen dort bewältigt werden mögen, ist eine Motivation, mit der eigenen Verantwortlichkeit für die Kränkung des anderen und mit den eigenen Schuldgefühlen fertig zu werden. Gelingt es, den Partner als »gestört« zu überführen, lässt sich der Trennungsimpuls eher rechtfertigen. Sollte dies von der Beraterin als Auftrag nicht ohne Weiteres angenommen werden (was für die Beratung fatal wäre!), ist mit zumindest irritiertem und deutlichem Bremsen der eigenen Beteiligung der trennungsorientierten Klientin am Prozess zu rechnen. Natürlich käme der Protest der so fixierten Partnerin als weiterer prozessbeeinflussender Faktor hinzu.

Gemeinsame »unmögliche« Aufträge (»Retten Sie unsere Beziehung«, »Sie sind unsere letzte Hoffnung«) zwingen die Beraterin gegebenenfalls in die Druckposition, auch wenn der Auftrag halbherzig zurückgegeben werden kann (»Was müsste ich denn Ihrer Meinung nach dafür tun?«).

Ablenkend von den Kernfragen an der Basis der Zweierbeziehung wirken auch der gern genommene Einbezug unbeteiligter Dritter (»Deine Mutter hat mich damals schon gewarnt«), das leidige Affärenthema mit entsprechenden Überführungs- oder Reparaturversuchen (»Solange du da noch whatsappst, geht es für mich nicht weiter, auch hier nicht«), Bündnispartner, die unwissend missbraucht werden, sowie individuelle und gemeinsame persönliche und unpersönliche Gegnerinnen, die überhaupt an allem schuld sind, wie der Alkohol, das Hobby oder die Computersucht.

»Sagen Sie uns, was wir wollen«: Widerstand als Konsequenz unklarer Zielvorstellungen und Aufträge zur Paartherapie

Fehlende Zielvorstellungen für die Beratung können sowohl bei einem Teil des Paares wie auch bei beiden eine prozessverzögernde Rolle spielen. Diffuses Unbehagen und massive Klagen an das Gegenüber bzw. umfangreiche Problemschilderungen sind in der Regel gekoppelt mit der mehr oder weniger stillen Erwartung an den Berater, daraus irgendetwas Sinnvolles entspringen zu lassen. Oder die Ziele sind ebenso diffus (»wieder vernünftig miteinander reden«, »wieder so wie früher«, »nachschauen, ob noch Gefühle da sind«, »klären, ob für uns noch Hoffnung besteht«) wie die Erwartungen an eine Paarberatung.

Eine Vorstellung über einen veränderten Zustand der belasteten Beziehung kann nicht vorausgesetzt werden – sie ist Gegenstand der Bearbeitung in der Beratung. Eine aus der systemtherapeutischen Tradition stammende »Wunderfrage« (etwa: »Woran würden Sie morgen früh beim Aufwachen erkennen, dass über Nacht ein Wunder geschehen ist und Ihr Problem gelöst oder gar nicht mehr vorhanden ist?«) kann sicher erst nach einem gelungenen Einstieg in die Beratung so beantwortet werden, dass daraus sinnvolle Lösungsschritte ableitbar sind. Denn die Entwicklung einer (gemeinsamen) Zielvorstellung ist ja als Teil der Beratung anzusehen; dies stellt jedoch zu Beginn eine Bremsung oder zumindest Entschleunigung des Einstiegs dar.

Auch eine im Raum stehende Frage nach der Entscheidung über Trennen oder Zusammenbleiben wird als Zielsetzung erst einmal

akzeptiert werden müssen, wenn sie auch die in der Beratung zu
erwartenden Ambivalenzen verkürzt. Wird dem Paar die Aufgabe
der Zielentwicklung transparent nahegelegt, wird es dies grund-
legend, wenn auch vielleicht widerstrebend akzeptieren. Die Praxis
der Zieldefinition wird sich umso wertvoller erweisen, je konkre-
ter die Wünsche und Bedürfnisse beider Seiten in den Prozess ein-
gehen und je besser die Umsetzbarkeit in die alltägliche Lebenspraxis des Paares sich gestaltet. Abstrakte Allgemeinplätze sollten
von der Beratungsperson hinterfragt werden; sie stellen selbst-
verstärkende Widerstandsphänomene dar, da sie nichts bedeuten
oder schlimmstenfalls idealisierende Illusionsbildungen begünstigen
(»unsere Liebe wiederentdecken«, »Die sieben Geheimnisse der
glücklichen Ehe«).

Leider werden eben auch in der Beratungsliteratur solche simpli-
fizierenden Zielstellungen formuliert und damit verbreitet. Authen-
tische und realistische Zielsetzungen setzen eine äußerst ehrliche
Bestandsaufnahme voraus und einen klärenden Aushandlungs-
prozess, in dem sich beide für sich gewinnbringend erkennen können. Hilfreich wird eine ausgiebige Sammlungsphase sein für Themen, Anliegen und potenzielle Ziele der Partner bzw. des Paares, bei
der spezifische aktionsorientierte Methoden zum Einsatz kommen
können: Symbole finden, Positionen im Raum benennen, Rang-
reihen für Prioritätensetzungen darstellen, »meine« und »deine«
Themen und Fragen sortieren usw.

Ähnliche »widerständige« Funktion haben unklare Aufträge an
die Beraterin. Bei der anfänglichen »Anklagewelle« mag es von ihr
schon ein mutiges Zeichen sein, überhaupt nach dem Auftrag zu
fragen. Und sollten dazu überhaupt Antworten kommen, so werden
sie in der Regel allumfassend sein (»Retten Sie unsere Beziehung«
»letzte Hoffnung«, »Entscheiden Sie, ob das noch einen Sinn hat«)
oder sich konkret darauf beziehen, die Partnerin zu »angemessenem«
Verhalten im eigenen Sinne zu bewegen. Diese Aufträge mögen positiv als Wunschäußerungen zu verstehen sein.

Echte Aufträge sollten Eigenbeteiligung und Selbstverantwor-
tung des Paares beinhalten und der Beratungsperson zumutbare
und von ihr verstandene Aufgaben zuweisen. Oft werden hier bestimmte eigensinnig-einseitige Themen oder Inhalte genannt in der

Erwartung beraterischer Zielumsetzung; mit der eigentlichen Aufgabe der Beratungsperson, nämlich der Prozesssteuerung, werden die Klientinnen erst einmal nicht so viel anfangen können. Entscheidend wird auch sein, dass die Beraterin sich nicht implizit selbst Aufträge (im Rahmen von Empathie oder Gegenübertragung) für die Beratung erteilt. Gerade in Ermangelung einer entsprechenden Initiative des Paares besteht diese Versuchung durchaus. Auch bei widersprüchlichen Aufträgen oder beidseitiger Hilflosigkeit, überhaupt einen Auftrag zu formulieren und zu erteilen, besteht diese Gefahr der Selbstermächtigung. Andererseits ist es sinnvoll, dem Paar Vorschläge zum Vorgehen zu unterbreiten; diese sollten jedoch als eigene Ideen gekennzeichnet werden und ausdrücklich zur Diskussion, Korrektur und Zustimmung/Ablehnung zur Verfügung gestellt werden.

Womit in diesem Zusammenhang grundsätzlich zu rechnen ist: (Unbewusste) Funktionszuschreibungen an die Paarberaterin als Richterin, Anwältin, Lehrerin, Beziehungswerkstattleiterin, Beziehungspflegerin, Entscheidungsabnehmerin usw. sind hoffnungsvolle Projektionen auf ein Abgeben oder Übergebenkönnen der Verantwortung für Wohl und Wehe der eigenen Beziehung. Sie bedeuten rein menschliche Impulse von Hilfesuche in schwierigen Lebenssituationen. Von daher sollten sie nicht verurteilt, sondern angesprochen und verständnisvoll akzeptiert werden, bevor sie sich verfestigen und von der Beraterin nicht mehr zurückgegeben werden können und sich so dann vielleicht sogar realisieren.

»Sie verstehen mich eben auch nicht«: Widerstand als Konsequenz von Übertragungen auf die Paartherapeutin oder den Paartherapeuten

Übertragungen auf die Beratungsperson, vor allem als gute und böse Elternfiguren, aber auch als geschwisterliche Rivalin (spannungsreiche Dreierbeziehung als herausforderndes Auseinandersetzungsfeld) sind im Verlauf der Paarberatung wahrscheinlich und im Grunde – bewusst gemacht und geklärt – auch nützlich und sinnvoll für das Erleben ihres Verführungspotenzials auch in der Zweierbeziehung selbst. Die Arbeit an ihnen und die Auflösung dieser Übertragungen mögen tiefenpsychologisch orientierten Beraterinnen wichtiger sein als systemisch oder humanistisch orientierten Kollegen, die dies eher nicht gedeutet zurückgeben und auch nicht zum Schwerpunkt der Kommunikation mit den Klientinnen machen. Dennoch ist die Thematisierung unter dem Aspekt der Wiederholung alter und schwieriger Gefühle und deren Überwindung durch eine eigenständige (und die Ebenbürtigkeit der Partner und des Paares gegenüber der Herkunftsfamilie betonenden) Weiterentwicklung der Beziehung konstruktiv. Widerstandsreduzierend dürfte hier ein nicht zu massives Deuten sein (»Da erleben Sie Ihren Mann – oder: mich – irgendwie auch wie Ihren Vater«), sondern eher ein »Inspektor Columbo«-haftes, mühsam grübelndes, öffentliches Nachdenken der Beratungsperson (»Ich denke wirklich darüber nach, an wen Sie dieses Verhalten Ihres Mannes (oder: was ich zu Ihnen da vorhin gesagt habe) erinnern könnte, dass Sie das so beschäftigt. Es gibt ja viele Möglichkeiten, wo man dies im Leben schon mal gespürt haben könnte; das kommt jetzt bei Ihnen noch mal wieder deutlich hoch«).

»Wenn ich ganz ehrlich bin«: Widerstand bei eingeschränkter Neutralität des Paartherapeuten oder der Paartherapeutin

Eine fehlende oder in ihrer Haltung unklare Neutralität der Therapeutin wird auf verschiedenen Ebenen Widerstände auslösen, und das natürlich mit Berechtigung. Die Partner werden so intensiver mit der »Eroberung« der Therapeutin beschäftigt als mit der Betrachtung der eigenen Beziehungsdynamik. Zudem fehlt gewissermaßen die Sicherheit, von der Beratungsperson Unterstützung und Verständnis zu bekommen; sie wird so zu einer unberechenbaren, latent bedrohlichen Gestalt, die sich bei einer unbedachten Äußerung bloßstellend oder verdammend auf einen stürzen könnte. Die Mechanismen, die diese Beidparteilichkeit in der Paarberatungsperson gefährden, sind mannigfaltig. Dazu gehören etwa Mitleiden mit einem Teil des Paares, Identifikation mit dem Geschlechtsgenossen, ritterliche Verteidigung der hilflosen/hilfesuchenden Person, Herausfordern des weniger motivierten Partners.

»Einfach nicht zu ertragen«: Widerstand als Konsequenz aus der Gegenübertragung der Paartherapeutin oder des Paartherapeuten

Generell stellt die Gegenübertragung des Therapeuten einen Faktor bei der Widerstandsproduktion dar. Mag es eine Haltung gegenüber dem sozialen Status des Paares sein, ein Gefühl von »wie meine Eltern/mein Vater/meine Mutter«, eine Geschwistererinnerung, das Gefühl, die eigenen Kinder vor sich zu haben, oder eine eigene Kindheitserinnerung. Auch kann nicht zuletzt die aktuelle Lage in der eigenen Beziehung auf die Aktionen, Reaktionen, auf Haltung und Interventionsbereitschaft Einfluss nehmen.

König und Kreische (1994) weisen umfänglich etwa auf folgende Varianten hin: Die Therapeutin könne in Heilerinnenfantasien die Klienten beglücken, ihnen zu einem »neuen Leben« verhelfen wollen. Sie könnte unrealistische Erwartungen von einem Ungeschehenmachen alles Erlittenen bedienen. Als parentifiziertes Kind könne sie in einer Elternübertragung das Paar zusammenhalten wollen. Noch komplexer könne die Beratungsperson ihre Beziehung zu einem inneren Objekt an dem Paar (Vater- und/oder Mutterobjekt) zu heilen versuchen oder sich so auch etwa die Aufklärung eines Elternkonflikts anhand ihrer aktuellen Paartherapie versprechen. Darüber hinaus könne sie unbewusst als besserer Partner, bessere Elternfigur agieren wollen. Generell könne ihre Übertragung als Elternfigur gegenüber dem Paar (beide würden dann zu Kindern »degradiert«) dem Ausleben der attraktiven Seite der Parentifizierung dienen. So wie aggressive Impulse wirksam sind, können jedoch auch positive Gegenübertragungsgefühle die Identifikation mit dem Paar fördern.

»Was Widerstand in einer Therapie ist, bestimmt ja der Therapeut unter Berücksichtigung seiner theoretischen Annahmen. Er kann es dabei nicht immer vermeiden, durch die eigene Lebenserfahrung richtunggebend beeinflusst zu werden. Die Erfahrungen mit den Schicksalen der Patienten wirken da korrigierend. Die Wahrnehmung dessen, was ein Therapeut vom Patienten erfährt, wird aber durch die Erfahrungen der eigenen

Biographie im Sinne einer Selektion beeinflusst; der Therapeut nimmt vorwiegend das wahr, was die eigenen Lebenserfahrungen bestätigt« (König u. Kreische, 1994, S. 140 f.).

Diffuse Erinnerungen an Wesenszüge früherer eigener Partnerinnen, Gefühle, das Äußere der Klienten betreffend, Kleidung, Gesten, Spracheigentümlichkeiten, all dies beeinflusst unterschwellig den Berater, abgesehen von seiner eigenen mitgebrachten Persönlichkeitsstruktur, mit der er dies alles unbewusst verarbeitet (viele Hinweise dazu, allerdings nicht auf Paarberatung bezogen, finden sich bei König, 2010).

Verdeckte oder auch offene Bündnisse gegen einen Teil des Paares mit dem jeweils anderen sollten tunlichst vermieden werden, passieren aber dennoch viel zu leicht. Hier sind minimale expressive Aspekte (Blickrichtung, Körperhaltung, Interesse oder Desinteresse signalisierende Bewegungsimpulse) von hoher Wirkung.

Trennungsängstliche Impulse bei dem Therapeuten resultieren beim Paar als Beziehungserhaltungsdruck; Trennungsneigung oder -druck bei der Therapeutin und/oder einem Teil des Paares, der auf die jeweils andere Seite gerichtet wird, ermutigen unter Umständen einseitig. Oft mag auch Rat- und Hilflosigkeit bei der Beratungsperson die Neigung erhöhen, dem Paar die Trennungsoption nahezubringen.

Eine (innere) Abwertung der Erfolgsaussichten oder Erfolge der Paarberatung als Folge mangelnden Selbstvertrauens oder zu hoher Ansprüche an sich selbst mag auch den Klientinnen signalisieren, dass es keinen Zweck hat, die Beratung fortzusetzen. Andererseits sollten zu optimistische Äußerungen über die Erfolgsaussichten ohne eine reale Begründung in der Analyse der Beziehungslage vermieden werden.

Wesentliche Hinweise auf das Gegenübertragungspotenzial gibt König (2010). Er geht wie bereits gesagt nicht gezielt auf Paartherapie ein, betrachtet aber detailliert verschiedene Therapiesituationen mit diversen Klienten – Charakteristika, die die Therapeuten aufgrund ihrer Persönlichkeitsstruktur unterschiedlich tangieren können. Die Übertragungswünsche der Klienten treffen auf den Übertragungsauslöser Therapeut. Dessen Struktur hat mit der Verfestigung bestimmter Beziehungswünsche zu tun, die auch in der therapeutischen Beziehung zur Wirkung kommen. Interessant ist nun, dass auch die Persönlichkeit der Therapeutin durch ihre jeweilige Struktur als Widerstandsfaktor in den Blick kommt.

»Als zentrale Beziehungswünsche bezeichne ich nun Wünsche nach bestimmten Arten von Beziehung, zum Beispiel einer schützenden, einer anerkennenden, einer nährenden, einer Ordnung schaffenden, einer begleitenden, einer die Geschlechtseigenschaften anerkennenden oder einer ödipalen Dreiecksbeziehung. Diese Wünsche ordne ich der schizoiden, der narzisstischen, der depressiven, der zwanghaften, der phobischen, der phallisch-narzisstischen und der hysterischen Struktur zu« (König, 2010, S. 30).

Von beiden Seiten der therapeutischen Beziehung her betrachtet, ergibt sich nun ein breites Feld der Widerstandsanalyse im gesamten gegenseitigen therapeutischen Prozess. Paarneurose/Kollusion inklusive Partnerneurose trifft auf Therapeutenstruktur! Unendlich viele Kombinationen mit diversen Konsequenzen für das Therapiegeschehen lassen sich ausmalen. Und hier beginnt nun eine wirklich interaktiv-dynamische Betrachtungsmöglichkeit für jede einzelne, hoch individuelle Konstellation in der Paartherapie, die zum Beispiel der Supervision oder einem ▸ Reflecting Team angeboten werden könnte.

Dort könnte der kombinierte Beziehungswunsch des Paares dem der Therapeutin gegenübergestellt und nach Passungsmöglichkeiten oder eben auch Passungsschwierigkeiten mit Widerstandspotenzial geforscht werden. Dabei stellt sich einerseits die Frage, für welche Art von Paarkollusion welche Therapeutenpersönlichkeit als Gegen- bzw. Alternativmodell eines Beziehungsmenschen besonders hilfreich oder auch besonders schwierig sein könnte. Andererseits stellt sich die Frage, ob eine Ähnlichkeit in Struktur und Konflikt oder ein entsprechender Kontrast hilfreicher für den Therapieprozess sein mag. Insgesamt ist sicher zu sagen, dass hier nur Impulse für ein neugieriges und unvoreingenommenes Reflektieren von (Nicht-)Passungen gegeben sind, keine verallgemeinernden Schlussfolgerungen, die die Individualität der Beteiligten und der Situation außer Acht lassen. Jede Kombination von Therapeutin und Paar (und darüber hinaus Partnerin!) trägt ihre Vor- und Nachteile in sich. Um Schubladendenken zu vermeiden, ließen sich nur sehr hypothetisch in Form von Mutmaßungen oder Anhaltspunkten für bestimmte Kombinationen von Therapeutenstruktur und Paarkollusion Themen finden, deren Bearbeitung leichter fiele, oder solche, die eher einer kollektiven Abwehr in der Therapiesituation unterliegen könnten (Tabelle 1).

König beschreibt die verschiedenen von ihm differenzierten Persönlichkeitstypen von Therapeuten und auch deren Neigungen

Tabelle 1: Mutmaßungen zu Vorteilen (+) und Widerstandspotenzialen (−) in der Paartherapie durch Paar- und Therapeutenkonstellationen

Typus Therapeutenpersönlichkeit (König, 2010)				
		Schizoid	**Depressiv**	
		innere Distanz zu Klient, eher unemotional, abstrahierend, Verhalten eher unabhängig vom Paarverhalten, ganzheitlich wahrnehmend	sucht Nähe zu Klient, alles annehmend, keinen Anlass zu Aggression gebend, Angst vor Kritik, auf keinen Fall Abbruch zulassend, will Klient zufriedenstellen, beglücken	
Typus Paarkollusion (Willi, 1990)	**Narzisstisch: auf Eins-sein, Verschmelzung orientiert**	+ Gegenmodell	+ Bestätigung	
	Oral: auf Nähren, Pflegen, Kümmern, Sorgen orientiert	− Fremdheit	− Abwehr von Aggression, unangenehmen Konflikten	
	Anal-sadistisch: aktiv/passiv, auf Unterwerfung orientiert	+/− Therapeut setzt Ziele fest, Bevormundungsgefahr	− Fremdheit	
	Phallisch: auf männliche Stärke und weibliche Schwäche, Abhängigkeit orientiert	− Distanz wahrscheinlich	+ Bedürfnisorientierung	

Legende: passende (+) oder eher schwierige (−) Ergänzungen zwischen Therapeut und Paar beim Umgang mit Widerständen (König, 2010, S. 176–179). Generell lässt sich mit einem bestimmten Charaktertyp auch eine dominante Haltung gegenüber Widerstand im Allgemeinen assoziieren. Daraus lassen sich sowohl potenzielle Schwierigkeiten für die Therapeut-Klient-Beziehung ablesen. Aber schon dabei wird deutlich, dass in diesen möglichen Gefahren genau die Chancen für eine fruchtbare (auch Paar-)Therapie liegen, sobald eine möglichst weitgehende bewusste Auseinandersetzung in der Therapeutin selbst und auf der Beziehungsebene zu den Klienten möglich wird. Es ist zu bedenken,

Zwanghaft	Narzisstisch	Phallisch	hysterisch
rollen- und settingtreu, vermeidet Chaos, Vollständigkeitsdrang, Wichtiges/Unwichtiges nicht unterscheidbar	manipulierend, Suche nach Anerkennung, Klienten sollen sich nach eigenen Vorstellungen verhalten, Erwartungen des Therapeuten erfüllen	Mann-Frau-Differenz relevant, bewertet männlich/weiblich, beherrscht, Abkehr vom Genderthema fällt schwer	spontan, weniger Reflexion, schnelle Urteile, ungerechtfertigte Generalisierungen, schnelle Schlussfolgerungen
– Ablehnung durch Klient möglich, zu »vernünftig«	+ Vertrautheit mit Themen – Emotionsabwehr	– Gefahr der Konfundierung des Selbstwertthemas mit Genderthema	+ Emotionsorientierung
– Fremdheit	+ Gegenmodell – Abwertung der Klienten	+ Gegenmodell	+ positive Verwirrung
+ Passung – Emotion	– Gefahr von Wertungen	– Gefahr von Konfundierung des Machtthemas mit Gender	– Fremdheit
+ Ordnung, Struktur	– Gefahr von Wertungen	– Ebenenwechsel schwierig	+ Emotionsorientierung – zu viel Spontaneität, zu wenig Reflexion

dass bei dieser Betrachtung die »neurotische Tendenz« der Therapeutin in der Widerstandsdynamik besonders deutlich akzentuiert wird im Gegensatz zu den multiplen Faktoren. Die Aufstellung sollte also nicht als Liste von Therapeutendefiziten gelesen werden, sondern ermutigen zu einer kontinuierlichen Selbstreflexion, was alles in einer Paartherapie mit uns als Therapeuten »beim besten Willen« passieren kann. Das Erkennen und kritische Würdigen der persönlichen Eigenheiten und Grenzen sollte in einer guten, wohlwollenden kollegialen Fallbesprechungs- und Supervisionspraxis aufgehoben sein und die manchmal vorhandene Verzweiflung über ein Nichtweiterkommen, eine Vergeblichkeit in dem Bemühen mit den Klienten für sich selbst und andere eben »vergebbar« bleiben.

»Dann ist es aus«: Widerstand vor dem Hintergrund von Trennungsängsten

Stiemerling (2006) thematisiert die Widerstände, die Paare einer Trennung trotz eines erheblich destruktiven Beziehungspotenzials entgegensetzen. Diese vielfältigen Aspekte lassen sich auch in ein Widerstandspotenzial gegen einen klärenden Paartherapieprozess übersetzen, da dieser gerade ja auch die Anerkennung des Schwierigen und Trennenden im Sinne der Ermöglichung einer realistischen Weiterentwicklung der Paarbeziehung thematisieren muss. Die angesprochenen Bindungskräfte mögen realistisch gewendet sogar in einer Neuauflage der Haltung zur Paarbeziehung Ressourcen darstellen, die ursprünglich konstruktiv wirkten, sich nun aber als Fortentwicklungsfesseln erweisen. Zudem können sich darin wirksame defizitäre Bindungsmuster der Partner und des Paares auch in der Therapie in der schwierigen oder zumindest ambivalenten Bindung an Prozess und Therapeutin widerspiegeln.

Faktoren, die maximal direkt den Therapieprozess im Sinne einer Bremsung oder Annullierung einschränken können, sind zu unterscheiden von allgemeinen Beziehungsfaktoren, die die Beziehungsentwicklung einschränken. Hierzu einige Beispiele: So kann eine starke Trennungsangst es verbieten, auch nur eine solche Überlegung oder Vorstellung zuzulassen oder überhaupt als trennend Empfundenes in der Beziehung anzuhören bzw. anzusprechen. Hier ist mit sehr defensiven Abwehrmustern zu rechnen. Gegebenenfalls wird die Therapeutin als Trennungsagentin erlebt – kontrastierend zu der früher oft geäußerten Befürchtung von Paaren in der kirchlichen Eheberatung, dass sie dort nur zum Zusammenbleiben hin »bearbeitet« würden.

Sehr individuelle subjektive Tabusetzungen verbieten unter Umständen dem Therapeuten, bestimmte Aspekte überhaupt anzusprechen, zu vertiefen oder zu einem zentralen Gesprächsthema zu machen. Beispiele sind sexuelle Inhalte, außereheliche Affären, unterschiedliche Kinderwünsche, Infragestellungen der Ernsthaftigkeit eines Heiratsentschlusses oder der Attribute von Männlichkeit und Weiblichkeit, körperliche Attraktivität oder andere körperliche Eigenschaften, finanzielle Konflikte und generell ungeschützte Schuld- und Missbrauchsvorwürfe. Hier sind Geduld und Fingerspitzengefühl beim Voranbewegen des therapeutischen Prozesses vonnöten. In der Regel sind solche Mitteilungen seitens der Klientinnen genau besehen Einladungen und Aufforderungen, sich gerade um diese Themen und Aspekte zu kümmern.

»Sie haben da gerade etwas angedeutet, was für mich die Frage aufkommen lässt, ob wir das hier schon zum Thema machen wollen oder lieber nicht. Sicher ist es nicht einfach, darüber offen zu sprechen, und doch erscheint es Ihnen wichtig. Schauen Sie noch einmal selber, ob wir da jetzt tiefer einsteigen sollen … Wenn nicht, ist das auf jeden Fall auch in Ordnung.«

Selbstschutz: Funktion des Widerstands zur Artikulation zentraler Grundbedürfnisse der Klientinnen und Klienten

Am Übergang von einer tiefenpsychologisch und persönlichkeitsstörungstheoretisch begründeten Betrachtungsweise zu einer eher systemisch geprägten Sichtweise der Widerstandsphänomene könnte eine funktionale Deutung stehen, die eine leicht aversiv-negative Interpretation ins Positive wendet, indem sie sich an menschlichen Grundbedürfnissen der Klientinnen orientiert. Diese Betrachtung verdanke ich Sack und Gromes (2020) und deren Vortrag bei den Lindauer Psychotherapiewochen 2021.

Eine positive Umdeutung von Widerstandsaspekten ist sowohl auf der phänomenologischen als auch der psychodiagnostischen Ebene möglich. So mag etwa ein anfängliches Misstrauen gegenüber der Therapeutin und dem Therapiesetting in einem intensiven Schutzbedürfnis bezüglich der eigenen Empfindungen und Gefühle gegenüber einer Herausgabe und Auslieferung des Innersten gegründet sein. Sicherheitsbedürfnis ist hier ein starker Antrieb und sollte nicht automatisch als paranoide Tendenz etikettiert werden, so nahe das auch manchmal liegen mag.

»Nie hätte ich gedacht, dass ich das mal jemand anderem als meiner Frau sagen muss, und was weiß ich, was Sie jetzt damit anfangen, interpretieren oder so, und nachher ist nichts mehr wiedergutzumachen, dann ist alles kaputt und die Therapie ist schuld daran.«

Die narzisstisch abwehrenden Profilierungstendenzen (»Haben Sie denn überhaupt eine Ausbildung und sind Sie verheiratet, dass Sie uns was zu sagen haben – eigentlich wissen wir schon selbst am besten, was bei uns los ist«) mögen die Selbstwertschätzung der Klientinnen mühsam stützen und aufrechterhalten in Momenten äußerster Infragestellung der bisherigen Lebensüberzeugungen. Natürlich sollten wir uns in solchen Situationen nicht zu einer aggressiv geprägten Selbstverteidigungsreaktion hinreißen lassen, sondern versuchen, die von den Klienten auf uns übertragenen Zweifel und Unsicherheiten irgendwie aufzunehmen und zu einer Äußerung der eigenen Bedürfnisse einzuladen. Vertrauensbildung erfordert hier sicher genauso Authentizität in unserer Berufsrolle wie auch Verständnis für derartige Übergriffigkeit der Klienten.

Widerstand als Indikator für (existenzielle) Verunsicherung und Ambiguitätsintoleranz

Auch in der Paarberatung und -therapie sind existenzielle Themen präsent und können reaktiv durchaus in komplexer Art und Weise den Prozess einbremsen. Drohende Einsamkeit, Infragestellung der Sinnhaftigkeit bislang gelebten Lebens oder Fragen nach der Schuldhaftigkeit beim Scheitern der idealisierten Lebens- und Partnerschaftsvorstellungen und -ziele sind Beispiele. Die Einsichten und Gefühlsstürme der Beratung wollen verkraftet und bewältigt sein und werden in vielfältiger Weise abgewehrt. Die unheimliche Freiheit, in der Paarbeziehung ganz anders zu leben oder sie womöglich insgesamt infrage zu stellen, kann in Sicht kommen. Enorme seelische Spannungen können in Folge der Thematisierung existenzieller Lebensbedingungen mit offenem Ausgang auftreten. Nicht selten gipfelt dies in Gedanken oder gar Aussagen wie »Wenn du mich verlässt, ist für mich alles aus, dann kann ich mich gleich umbringen« oder »… dann siehst du deine Kinder nie wieder«. Elementare Lebensbezüge sind betroffen, elementare Bedürfnisse werden deutlich. Dies fördert regressive Impulse – es wird sozusagen um das nackte psychische Überleben gekämpft. Frühe traumatische Erfahrungen werden »angetriggert«, emotionale Kindheitserfahrungen hochgespült. Sofortige »Rettungsaktionen« als Übersprunghandlungen können daraus resultieren (häusliche Gewalt, Flucht, finanzielle Manöver); rettende Auswege werden in anderen Beziehungen gesucht.

Auch wenn der Prozess gut verläuft, sind viele Verunsicherungen und Ungewissheiten auszuhalten, und es werden die inneren Bewältigungsprozesse gestartet, die sich durch die Paarkonstellation potenzieren können. Das Schicksal der eigenen Beziehung erweist sich dem »Macher«-Zugriff gegenüber unverfügbar; die positive Resonanz zwischen den Partnern ist nicht willkürlich herstellbar (vgl. Rosa, 2019; Han, 2020; Vogel, 2020). Das Lernen der Abhängigkeit von dem Partner, das Aushalten konträrer Sichtweisen auf doch von beiden als gleich erlebte Situationen (Wahrnehmung und Akzeptanz der Ambiguität) und das Aushalten innerer Konflikte um die Konsequenzen für sich selbst ist schmerzhaft ohne wirksame Palliativmaßnahmen.

Weitere Widerstandsquellen

Für jedes Paar stellt die Therapie eine Hoffnung, ein Versprechen auf eine Veränderung, wenn nicht sogar Verbesserung des Zustands ihrer Beziehung dar. Nicht selten werden quasi magische Fähigkeiten der Therapeutin oder ihrer Methoden erwartet, zumindest aber eine Wirkung des Ganzen. Dass das Paarglück nicht aus der Verfügung des Paares gelangen kann und – schlimmer noch – sogar überhaupt unverfügbar sein könnte, trotz allen guten Willens und aller Arbeit an und Anstrengung um die Beziehung, kann ein massiver Frustrationsfaktor im Laufe des Prozesses sein. Es sind eben keine großartigen Neuigkeiten zu erwarten, allenfalls ein besserer Umgang mit dem Altbekannten. Und dann ist während des gesamten Prozesses mit vielerlei verunsichernden Situationen zu rechnen, die sich durch eine nicht wirklich vorhersehbare Auswirkung auszeichnen. »Ungewissheitstoleranz« (Spitzer, 2020) ist eine Fähigkeit, die nicht jedes Paar und jeder Partner in die Therapie mitbringen. Die Triade Unsicherheit – Ungewissheit – Unverfügbarkeit im subjektiven Erleben mag Skepsis, Zweifel, Motivationskrisen und eben auch Widerstand im weitesten Sinne bedingen. Von daher sollte das therapeutische Vorgehen hier von Anfang an Klarheit darüber schaffen, dass diese Triade dazugehört und in Kauf zu nehmen ist, um einer Idealisierung und Selbstüberforderung des Paares und der Therapeutin vorzubeugen.

Auch das Leiden an den Entscheidungen und Entwicklungen, die mit jeder bedeutsamen Beziehung verbunden sind, ebenso wie die Entwicklungsschmerzen in der Therapie durch Wiederkehr mancher verdrängten vergangenen Erfahrung oder durch herausfordernde Schritte für eine andere Zukunft erfreuen sich in einer »Palliativgesellschaft« (Han, 2020) keiner besonderen Beliebtheit. Dass Therapie mit schmerzvollen Momenten und Phasen verbunden ist, stellt für viele Klienten keine geringe Überraschung dar. Und der Schmerz über Verzicht, das Aufgebenmüssen von Vermeidung und die Unausweichlichkeit, Unterschiede und Differenzierungen des Partners anerkennen zu müssen – all dies hört nicht mit der Beratung auf, sondern zieht mit den Wirkungskonsequenzen dieses Prozesses weite Kreise in die Paarperspektive und die persönliche Zukunft hinein.

Letztlich wird die Qualität der Paartherapie in Transparenz, Flexibilität und Vertrauenswürdigkeit der Person und des Settings, verbunden mit dem Respekt für die Besonderheiten des Paares und seine höchst spezifische Abwehrstruktur mitsamt ihren Bewältigungs- und Überlebensstrategien, entscheidend für die Akzeptanz des nicht immer leicht zu ertragenden Angebots sein. Hier ist fortlaufend ein Abgleich von therapeutischer Strategie und Planung mit den Äußerungen des Paares bezüglich seiner Aufgehobenheit und der Auftragsnähe im Gesamtsetting notwendig.

Mit Widerstand in der Paartherapie umgehen

Es geht im Weiteren um einen Ideenkatalog von Möglichkeiten, die Abwehr- und Widerstandspotenziale zu reduzieren, zu unterlaufen oder konstruktiv für den Prozess der Paarberatung und -therapie zu nutzen. Vorausgesetzt ist dabei eine Haltung, die diese Widerstände wahrnimmt, in Rechnung stellt und respektiert. Eine Haltung also, die nicht zu verhindern oder zu verurteilen sucht, sondern die anerkennt, schätzt, kommuniziert, verfügbar und bewusst macht und versucht, mit allem, was geschieht und ist, etwas anzufangen. So beginnen Therapeutinnen und Klientinnen einen experimentierenden Austausch, ohne Ergebnissicherheit, aber mit Einladung zur Aktion und positivem Ausblick auf einen lohnenden Einsatz mit offenem Ausgang. Anregungen zu diesem Katalog beziehe ich neben eigenen Gedanken (insbesondere zu den aus ▶ Aktionsmethoden abgeleiteten Interventionen) vor allem aus den paartherapeutischen Arbeitsansätzen von Michael Mary (2008), Martin Koschorke (2013), Ulrich Clement (2004) und Arnold Retzer (2004). Alle diese Autoren teilen wesentliche Aspekte einer widerstandsfreundlichen Interventionsphilosophie:
- Die Paare entscheiden, ob und wie sie ihre Beziehung leben.
- Der Beratungsprozess ist ein gemeinsames Produkt von Therapeuten und Klienten.
- Die Beratungsperson sorgt auch für sich selbst und für Bedingungen, gut arbeiten zu können.
- Alles, was in der Beratung passiert, hat einen Sinn – hier gibt es kein Richtig oder Falsch.
- Realismus ist der Paartherapie angemessener als Idealismus.
- Widerstand ist sinnhaft und ein notwendiges Agens im Prozess der Paarentwicklung durch Paartherapie.

- In der Paartherapie ist die Beziehung der zentrale Fokus, nicht die beteiligten Personen und deren Charaktere.
- Eine Wertung oder gar Pathologisierung von Beziehungs(er)leben und dessen Motiven ist nicht sinnvoll und hilfreich.

Rahmen und Setting gestalten

Hier geht es von Anfang an um Haltung und Ausstrahlung des Paartherapeuten. Was signalisiert die beratende Person dem Paar bei den ersten Kontakten? Wie kann sie die Kooperationsbereitschaft des Paares indirekt herausfordern? Eine gewisse Zurückhaltung und Skepsis im Blick auf den Erfolg des gesamten Projekts Paarberatung von Anfang an ist hier sicher angebracht.

»Haben Sie sich das gut überlegt? So eine Beratung kann viel Unruhe in die Beziehung bringen. Aber wenn Sie überzeugt sind, dass es etwas bringen könnte, haben Sie sich sicher schon Ihre Gedanken gemacht, was Sie hier angehen möchten.«

Fragen nach Idee und Sinngebung des ganzen Vorgehens durch das Paar und eine nachdenkliche Haltung zu den Erfolgsaussichten im Allgemeinen und Besonderen schaffen den nötigen Abstand, der der Veränderungsneutralität der Beratungsperson Raum geben kann, wenn sie diese denn selbst zu üben und zu erproben vermag. Der Versuch einer Normalisierung der Erwartungen und Ansprüche wird dabei helfen, ober- und unterschwellig Druck aus der Situation zu nehmen und die Eigenmotivation des Paares einzufordern, aber auch einladend zu testen.

»Wie wäre es denn, nur 50 Prozent dessen zu erreichen, was Sie sich insgesamt vorstellen, wären Sie damit auch schon zufrieden? Und worauf käme es dann hauptsächlich an, damit Sie das auf jeden Fall erreichen? Woran könnte es liegen, wenn auch das misslingt? Befürchten Sie da etwas?«

In diesem Abstand wird es der therapierenden Person auch möglich, erste Übertragungs- und Gegenübertragungsgefühle für sich zu explorieren, ohne der Versuchung der Verwicklung zu früh zu unterliegen. Sie kann ebenso sortieren, was Einzelthematik eines Teils des Paares ist und was sich als Paarthema herauskristallisiert. Die diagnostische Phase darf einige Sitzungen dauern, ausgestattet mit intensiver interessierter Frageaktivität der Therapeutin. Empathisches und treffendes Nachfragen wird auch die Beratungsbeziehung stärken und sich entwickeln lassen. Zeitlich größere Abstände zwischen den Sitzungen sind ein Signal an das Paar, dass die dazwischenliegende Zeit »zu Hause« die eigentlichen Wirkfaktoren zu Veränderung und Entwicklung in sich trägt und nicht die Stunden der Beratung, wie aufregend oder auch zäh sie sich gestalten mögen. Gerade in der Einstiegsphase mag die neugierige bereits erwähnte »Inspektor Columbo«-Haltung angeraten sein, da sie signalisiert, dass die Beratungsperson nicht schon vorher alles besser weiß, dass sie überhaupt zu wissen und zu verstehen versucht und dabei Genauigkeit, Fokussierung und umfassendes Informiertsein schätzt.

»Das habe ich überhaupt noch nicht verstanden. Ist es so, dass Sie Ihren Mann da gar nicht zu Wort kommen lassen? Oder haben Sie gar nicht die Absicht, Ihrer Frau dazu etwas zu sagen? Oder fehlen Ihnen die Worte? Oder sind Sie so genervt, dass Sie am liebsten gehen würden? Müssen Sie ihn dann mit Worten festhalten? Also wissen Sie, das ist so kompliziert, das müssen Sie mir noch genauer erklären, denn so genau kann ich Sie ja noch gar nicht kennen.«

Die Beratungsperson fördert dadurch eine gemeinsame Such-, Explorations- und Entdeckerhaltung mit dem möglichen Erfolg von Aha-Erlebnissen und Selbstwirksamkeitserfahrungen der Partner bei der Ergründung ihrer Beziehungsthemen. Konkrete Aufträge und Aufgaben zur Selbstexploration für das Paar und symptomverschreibende Interventionen können die Eigenaktivität steigern.

Insgesamt wäre zur Entkrampfung eine Liebes-, Beziehungs- und Paarphilosophie bei dem Therapeuten nützlich, die eine Bedeutungsrelativierung der »Symptome« ermöglicht, und mit der er beim Paar auch für überraschende Momente der Nachdenklichkeit sorgen kann. So kann das Paar immer wieder einmal Abstand zu den eigenen festgefügten inneren Bildern und Konstruktionen finden, wie etwas sein müsste oder nicht zu sein hat. Auch Geschichten über (natürlich anonyme oder erfundene) andere Paare können diesen Zweck erfüllen, wenn der Vergleich das eigene »Gebäude« infrage stellt.

»Wissen Sie, es sind mir schon manche Paare begegnet, die mit diesem Thema, das Sie mir gerade erzählt haben, jahrzehntelang gelebt haben und da irgendwie gemeinsam einen Weg gefunden haben. Können Sie sich vorstellen, wie die das hingekriegt haben könnten? Erst mal haben die vielleicht gedacht, so schlimm ist es auch nicht oder damit kann man lernen zu leben. Wäre so etwas für Sie überhaupt denkbar? Oder denken Sie: Nein … wir sind da ganz anders?«

Allgemeine Betrachtungen zur Einordnung von Liebe, Erotik, Ehe unter den Aspekten von Leidenschaft, Beständigkeit und Verantwortlichkeit finden sich bei vielen Autoren aus Psychotherapie, aber auch aus praktischer, an Lebenskunst und Erfahrungsschilderung orientierter Philosophie und Weltliteratur (vgl. Retzer, 2004; Mary, 2008; Schmid, 2007; Paz, 1995; Krüger, 2014). Eine wesentliche Rolle zur Entflechtung und Entidealisierung der Gefühle in der Paarbeziehung spielt auch die Idee der Differenzierung und Selbstvalidierung (vgl. Clement, 2004; Schnarch, 2019). Martin Koschorke (2013) ist zu würdigen für seine vielfältigen Ideen zur Entlastung und fortlaufenden Selbstbefreiung der Therapeutenposition. Seine in vielen markanten Merksätzen prägnante Haltung zum Selbstschutz und zur Selbstprüfung in der Paarberatung kann in der Tat Ängste vor der Praxis nehmen, die Verantwortung und den persönlichen Einsatz realistisch begrenzen und die Psychohygiene der Beratungspersonen begünstigen. Hier wird echte Widerstandsreduktion für die Paartherapeutinnen selbst systematisch gefördert und eine entkrampfende Haltung geradezu zelebriert, was auch Ausbildungskandidaten bereits extrem guttut.

Kommunikation first!

Die »besten« Fragen an das Paar führen nah heran ans Eingemachte und damit nah heran an das für die Widerstandsproduktion zentral Bedeutsame – direkt und unerschütterlich, manchmal unverfroren. Hier einige Beispiele aus dem Katalog von Mary (2008):

- Was erwarten Sie eigentlich von Ihrer Beziehung?
- Was erfüllt Sie an Ihrer Beziehung?
- Was würde Ihnen am meisten fehlen, wenn Sie auseinander wären?
- Was könnte für Sie leichter sein, wenn Sie auseinander wären?
- Wie geht es der Beziehung?
- Was würde die Beziehung sagen, wenn sie eine Stimme hätte, hier mitzureden?
- Welchen Namen würden Sie ihr geben? Wie hieß sie früher, wie soll sie in Zukunft heißen?
- Was braucht Ihre Beziehung eigentlich und wer sorgt dafür, dass sie es bekommt?

In allen Interaktionen gilt es, implizite Minisignale für »Widerstandseinschüsse« zu beachten: Körpersignale aller Art, Blickrichtungen, »Aussteigen« aus dem Kontakt und aus der aktuellen Beratungssituation durch Abwenden und »Zumachen«, Mimik, Müdigkeits- oder High-Alert-Anzeichen, Körperhaltungen (offen/verschlossen, aufgerichtet/hängend, straff/schlaff, aufrecht/gebeugt, zugewandt/weggelehnt usw.), Stellungen bzw. Positionen beider Partner zueinander und zur Therapeutin).

Diese Veränderungen können zugewandt und nicht provozierend bemerkt und angesprochen werden, um sie der expliziten Artikulation näherzubringen.

»Sie haben sich eben doch recht deutlich von Ihrer Frau abgewandt und – für meine Augen – etwas genervt zum Fenster hingeschaut. Gäbe es da einen Satz zu Ihrer Frau oder zu mir, der dazu passt?«

In diesen sublimen Signalen können sich auch Übertragungen und Gegenübertragungen (In welche ursprünglichen Beziehungen passt dieses Signal?) bemerkbar machen. Sie bieten Gelegenheiten, Aufmerksamkeit zu wecken, und können darin konsequent genutzt werden, Hypothesen zu bilden und den Partnern anzubieten.

Geschichten von oder über andere Paare bzw. Klientinnen können Vertrauen bilden, dass das Paar mit dem Thema nicht allein ist, aber auch dazu anregen, die »Alleinstellungsmerkmale« des Paares genauer zu bestimmen.

Worüber wird geredet und wer redet, wer schweigt bei welchem Thema? Gemeinsames Suchen und Experimentieren sollte als beteiligende Grundhaltung etabliert werden und die beratende Person sollte eine konsequente Zukunfts- und Finalitätsperspektive einführen (Zweckbestimmtheit: »Wozu wäre es gut, in Ihrer Beziehung etwas zu verändern?«). Ein guter Beitrag hierzu ist der Entwurf von »Problem- und Lösungsfiguren« (Mary, 2008).

Koschorke (2013) bringt auf vielfältige Weise Themen in den »Kommunikationsfundus« des Paares ein oder in ihn zurück, die Tabubereiche als »Widerstandsnester« beherbergen. So schlägt er das Erkunden von »Revieren«, offenen oder verdeckten Hierarchien und das Ansprechen des Themas der (fehlenden) Ebenbürtigkeit vor. Welche (unausgesprochenen) Verantwortungen, welche (offenen oder verdeckten) Kontrollen gibt es in der Beziehung? Wie sieht es aus mit den »Aufträgen« aneinander im Alltag oder für das ganze Leben? Was ist der unbewusste, unausgesprochene Partnerschaftsvertrag zur gegenseitigen Bedürfnisbefriedigung? Aus all diesem ergeben sich relevante Hintergrundfaktoren, die das Beziehungsklima beeinflussen, wie Erwartungen, Zusagen und Verweigerungen, stille und laute Bilanzierungen.

Koschorke gibt auch diverse Hinweise, wie in der Beratung mit »Aktionen« der Partner, die das vereinbarte Setting infrage stellen, umgegangen werden kann (2013, S. 234 ff.). Wie hier der Therapeut klar, aber auch zugewandt kommuniziert, mag darüber hinaus Modellcharakter für das Paar erlangen.

Ulrich Clement (2004, 2016) führt in seiner Arbeit das Differenzierungskonzept von Schnarch besonders für den Bereich der sexuellen Beziehung weiter, das aber generell für die Bearbeitung von Widerständen vielversprechend sein könnte. Die generelle Erlaubnis, in der Paartherapie sich auf sich selbst zentrieren zu können und den ureigenen Bedürfnissen »selbstvalidiert« Raum geben zu dürfen, dürfte mancher Sehnsucht der Partner entgegenkommen: etwas für sie entscheidend Bedeutsames endlich in Gegenwart der Partnerin auszusprechen und sich selbst zugestehen zu können, was innerseelisch lange klar ist. Die Erlaubnis zum Offenlegen von Unterschiedlichkeiten im ganz allgemeinen Sinne dürfte zu neuem Interesse und einer Revitalisierung in der Beziehung beitragen. Ganz wesentlich in der paartherapeutischen Konstellation ist für Clement, dass der Therapeut nicht die Verantwortung für Veränderung und bestimmte Zielerreichungen übernimmt, sondern dem Paar die Entscheidung und den Impuls dafür überlässt, aber immer wieder zu der Entscheidungsmöglichkeit hinführt. Die Vorteile einer Nichtveränderung können genauso offen besprochen werden wie die Kosten der Veränderung. Der Therapeut müsse dafür sorgen, gelassen die Ambivalenz des Paares anzuerkennen und die »ungeliebte« Position der Nichtveränderung am Leben zu halten (»Ja, so kann man es machen«), auch wenn dies dem Paar entgegen seinen Erwartungen »untherapeutisch« erscheint.

In Aktion kommen

Wovon wir dabei ausgehen

Worum geht es denn? Was wollen Paare in der Beratung »wirklich«? Wo ist unter Betrachtung des Ziels der Widerstandsreduktion anzusetzen?

Es geht zuerst meistens doch um das Bedürfnis zu erzählen, anzuklagen bzw. zu klagen, zu schimpfen, sich zu beschweren, zu drohen, sich zu rechtfertigen, Bündnispartner für die eigene Sichtweise zu finden. Aber in der Regel ist es auch bereits das Interesse des Paares, zu verstehen, wie es (irgendwie) mit beiden Partnern zusammenhängt und von der Kooperation beider abhängt, was ist und wird. So wird also der Einstieg in die Beratung aussehen:
- Beschreibung, Analyse und Klärung des in die Beratung führenden Konfliktgeschehens, Erfragen von Zielen und Anliegen,
- Unterstützung der Paarsicht der Thematik (Beteiligung beider),
- Neustart im Bereich destruktiver Kommunikations- und Verhaltensmuster, das Gute in der Beziehung wiederentdecken und reanimieren,
- Bemühen um Lösungsfindung für nachgetragene Verletzungen.

Das Paar möge zudem
- Anforderungen an gemeinsame phasenspezifische Lebensaufgaben erfüllen können,
- seine Lust- und Vitalitätsdefizite beheben können,

- seine Ich- vs. Wir-Bedürfnis-, -Interessen- und -Zieldifferenzen austarieren und
- Zukunftsklärung, Perspektiveneröffnung, Realitätstransfer leisten können.

In psychodramatisch geprägter Begrifflichkeit gedacht und formuliert klingt das dann so: Es geht um individuelle und partnerschaftsbezogene Rollenentwicklung, Erweiterung des Rollenrepertoires, Erweiterung der Beziehungsfähigkeiten (»Tele«-Förderung), Spontaneität (Impulsgebung) und Kreativität (Potenzialgebung) im Leben der Paarbeziehung, Bindungsmodi, Bilder und Ideale von Beziehung sowie um soziometrische Aspekte: Reichhaltigkeit oder Verarmung des sozialen »Paaratoms« und äußere, etwa familiäre Einwirkungen auf die Paarbeziehung.

Was bringt »in Aktion kommen« dem Paar? Wodurch lässt sich Widerstand erleben und »erweichen«?

Erfahrungsgemäß lässt sich aus dem Erleben der Paare mit diesem erweiterten methodischen Vorgehen sagen: Es ist ein gemeinsames Riskieren, Sich-Zeigen und kreatives Experimentieren, damit vor allem anderen eine Stärkung des Paarbewusstseins und auch des Paarselbstbewusstseins erreicht wird, was über die reine Verbalebene hinausgeht. Alles Wesentliche wird deutlicher und dynamischer erlebt. Nicht Bewusstes darf sich zeigen und bewusst registriert werden. Durch das psychodramatische Szenen-Spiel wird Unmittelbarkeit unterstützt und ursprünglichere (kindliche) Bedürfnisse und Impulse werden wahrgenommen und respektiert. Mann und Frau werden neugieriger und wahrnehmungsschärfer. Was man nicht sagen kann, kann man anders zeigen. Das in der Rolle Vorgeführte ist dabei nur ein Teil der Person, aber nicht mit ihr identisch. Die Vielfältigkeit der einzelnen Personen wird gewürdigt. Immer wieder sind auch Überraschungen möglich, wo die eine glaubte, den anderen in- und auswendig zu kennen. Diese Erfahrungen aus Aktionselementen werden offensichtlich im Gedächtnis intensiver abgespeichert und über einen längeren Zeitraum immer wieder erinnert und aufgerufen.

Professionell ausgedrückt: Es findet eine Anreicherung der Gesprächsebene im Ausdruck und Austausch (besonders auch für

verbal eher verschlossene Klienten) statt. Der Ausstieg der Paartherapeutin aus ▸ triangulatorischen Situationen wird möglich; die
Beschäftigung des Paares mit sich selbst wird fokussiert und gestärkt.
Es kommt zu einer Verdeutlichung emotionaler Teilaspekte durch
Verfremdung (z. B. leerer Stuhl, Positions- oder Richtungswechsel,
hinweisende Aufmerksamkeitslenkung, konjunktivische Darstellung: »Was wäre, wenn?«). Ein Möglichkeitsraum, getrennt
vom realen Gesprächsraum, wird mit einer »Bühne« eröffnet.
Unterstützende Doppel-Funktion (▸ Doppeln) für beide Partner
durch den Therapeuten wird möglich. Eine Außenperspektive
durch Rollenwechsel mit Dritten wird eingenommen und damit
eine Unterstützung des zirkulären Fragens in der Beratung vollzogen. Die Abbildung oder Darstellung von Nähe-Distanz-Ver-
hältnissen beim Paar wird klarer, intensiver erlebt. Die Nutzung
von Verräumlichung ermöglicht zusätzlich die Nachinszenierung
häuslicher Szenen, von sich wiederholenden Verhaltensmustern,
Auseinandersetzungen, auch positiver Begegnungen. Die »Aufstellung« des sozialen Rahmens des Paares wird plastischer als im
Gespräch. Die Abbildung kollusiver Teufelskreise (»Wenn du, dann
ich, dann du« usw.) wird in der Handlung transparenter; alternative Handlungsproben, Veränderungs»experimente« werden
durch das quasirealistische Erleben erleichtert und intensiviert.
Prägnant zusammengefasst, worum es geht: erweiterte Erlebnis-
und Erfahrungsmöglichkeiten schaffen und emotional verankern
(vgl. dazu Weber, 2008) – das Paar stärker in Handlungs-, Bewe-
gungs- und Aktionsimpulse zu bringen, wie auch immer wir es
nennen. Ziel sind die Externalisierung und Konkretisierung, die
Gestaltwerdung des innerseelischen Geschehens, die Exfiguration
verinnerlichten Beziehungsgeschehens. Vier wesentliche Elemente
der Konkretisierung sind: Gestalt geben, Ort geben, Zeit geben,
Beziehung geben (sichtbar, hörbar, spürbar machen). Damit sollten
Widerstände besonders auf der verbalen Ausdrucksebene konter-
kariert und heruntergefahren werden können.

Der Einstieg

Am Anfang dieser Arbeit steht eine »freundliche Einladung« an das
Paar. Hier ein Beispiel für eine entsprechende Formulierung:

»Ich arbeite hier in der Beratung auch mit Elementen aus dem Rollenspiel (und dem Psychodrama). Ich weiß nicht, ob Sie schon davon gehört haben, aber für heute reicht es vielleicht, wenn ich Ihnen sage, dass wir uns auch manchmal aus den Stühlen hier erheben werden, um etwas von dem, worüber wir hier sprechen, in Spiel oder Bewegung zum Ausdruck zu bringen und dabei auch auf all das zu achten versuchen, was sich mit Worten nicht so leicht ausdrücken lässt. Manchmal wird uns das besser voranbringen, als wenn wir nur darüber sprechen. Natürlich können Sie mich jederzeit fragen oder mir auch sagen, wenn Sie einen meiner Vorschläge für sich zu schwierig finden. Sind Sie mit einem solchen Vorgehen einverstanden?«

Welche Umstände oder Aspekte in der Paartherapie können nun Einstieg oder Einladung für diese Versuche der Widerstandsreduzierung sein? Es sind Themen, Situationen, Atmosphären, die dazu auffordern können, die Klientinnen mit einer Frage einzuladen:

»Könnten Sie mir das mal zeigen?«

Hier einige Beispiele für solche Zugangsaussagen und die entsprechende Interventionseinladung:

»In letzter Zeit haben wir uns nichts mehr zu sagen …« – »Wie sitzen Sie sich da gegenüber und was geht Ihnen durch den Kopf, worüber Sie eigentlich mit Ihrer Partnerin sprechen wollten oder müssten?«
»Es soll wieder so werden wie früher …« – »Wechseln Sie doch einmal die Stühle und erzählen Sie sich von dort über die Zeit vor zwanzig Jahren.«
»Wenn du doch nur …« – »Bitte sprechen Sie doch weiter von diesem Wunsch an Ihren Partner und wählen Sie ein Symbol dafür in Ihrer Fantasie oder hier im Raum aus.«
»Zwischen uns läuft immerzu derselbe Film ab …« – »Wie würde der denn heißen und welche Szene wäre in diesem Film besonders eindrücklich?«

*Ressourcenorientiert könnte gefragt werden: Welchen anderen Film würden Sie denn gern sehen? Welche Veränderung wäre darin geschehen? Wie hätten Sie das geschafft? Was hätten Sie anders gemacht, gefühlt, geschmeckt, gehört oder gesehen?*

»Ich komme gar nicht mehr an dich ran …« - »Zeigen Sie mir im Stehen
in einer Position, wie Sie nicht an sie herankommen, welche Bewegung
Ihnen nicht möglich ist und was Sie stattdessen tun?«

Und gibt es einen (kleinen) Impuls? In welche Richtung geht der?
»Wir haben doch schon alles versucht …« - »Geben Sie allen Versuchen
einen Namen und einen Platz hier im Raum, sodass wir wissen, wie
wichtig Ihnen das war und ob es sich lohnt, etwas davon noch einmal
genauer zu betrachten.«
»Wir haben schon öfters über Trennung nachgedacht …« - »Stellen Sie
sich dieses Tor vor, das Ihre Entscheidung zur Trennung darstellt. Wo
stehen Sie da mit welchen Gedanken und Gefühlen?«
»Die meiste Zeit ist es (bist du) eher öde …« - »Zeigen Sie mir, wie Sie
es öde machen oder wie es ist, wenn es besonders öde ist, so ein
richtig besonders echtes Beispiel dafür; welche Körperhaltung, welches Gesicht passt denn zu ›öde‹?«
»Wenn du über meine Grenzen gehst, mache ich zu …« - »Bitte markieren Sie hier einmal im Raum, wo Ihre Grenzen sich befinden und
wie Sie reagieren, wenn Ihre Partnerin darüber hinweg geht … Wie
geht ›zumachen‹ bei Ihnen?«
»Wir sind wie …« - »Nämlich wie was? Was für Bilder tauchen da in
Ihnen auf?«
»Hier ist es irgendwie anders als zu Hause …« - »Können Sie mir die
Unterschiede mal deutlich machen, wenn wir uns vorstellen, da hinten
in der Ecke ist Ihr Zuhause?«

Oder es gelingt überhaupt nicht so recht zu sprechen, wie in fol-
gendem Beispiel:

Frau A. eröffnet in der gemeinsamen Paartherapiesitzung grundsätzlich nie das Gespräch, obwohl ich sowohl ihren Partner als auch sie
gebeten habe, mir zu erzählen, wie es ihnen momentan gehe. Daraufhin befragt, sagt sie, sie verhalte sich so, damit ihr ihr Mann hier nicht
etwa vorhalten könne, sie »schwätze« zu viel und er komme dadurch
sowieso nie zu Wort. Außerdem sei ihr auch wichtig, dass ich nicht
diesen negativen Eindruck von ihr bekäme. Ich gehe in eine andere
Ecke des Raumes und bitte die beiden, sich quasi im Zwiegespräch

mitzuteilen, wie es ihnen geht. Es wird deutlich, dass Herr A. hier gar nicht den Anfang machen will und seiner Frau die Kommunikationsverantwortlichkeit überlässt. Als ich zurückkomme, ist Frau A. »aufgetaut« – sie ist froh, dass ich gesehen habe, wie es kommt, dass sie vorsichtig ist. Herr A. sagt, ja, bei diesen Themen tue er sich schwer; es habe nicht nur mit seiner Frau zu tun, aber er fühle sich dann gleich unterlegen und versuche, mit seinen Vorwürfen wieder die Oberhand zu bekommen. Ich reinterpretiere das Rollenverhalten in Termini von Angst und Rücksicht: Frau A. nehme ihrem Mann etwas Unangenehmes, nämlich das Sprechen, ab – wozu beide meinen, so positiv gewendet hätten sie das noch nie betrachtet.

Was gibt es denn zu klären oder zu zeigen? Es folgen einige Vorschläge, wo Interventionen ansetzen können. Zunächst wäre die generelle und spezifische Motivation des Paares zur Paarberatung zu ergründen. »Worum geht es Ihnen und Ihnen besonders?«

»Machen wir doch mal so einen kleinen gemeinsamen Spaziergang hier durch den Raum, bummeln so ein bisschen rum und sammeln ein paar Gedanken ein, was hier eigentlich passieren soll … – Wo gehen Sie beide denn eigentlich gern spazieren? Erzählen Sie mal.«

Wie ist die Bereitschaft des Paares, sich auf den Beratungsprozess einzulassen; wo liegen seine Absichten und Weigerungen (auch im Blick auf kleinere Experimente, die jenseits der Gesprächsebene liegen)?

»Könnten wir mal auf ein paar kleinen Plakaten hier an der Wand festhalten, was die wichtigsten Gebote und Verbote in Ihrer Beziehung (oder auch: für unsere Beratung hier …) sind? Vielleicht fünfmal die Sachen, die absolut unentbehrlich sind, und fünfmal, was unverzeihliche No-Gos sind …«

Können die beiden neue Sichtweisen realisieren, dem bzw. der anderen vielleicht auch Positives unterstellen?

»Stellen Sie sich vor, jemand interessiert sich für Ihren Partner, Ihre Partnerin als Kollegen, als Freundin oder Bekannte … Halten Sie eine

kleine Werberede über seine bzw. ihre Vorteile, die besten Seiten …«
(Dies erzeugt meist viel Entspannung und Lachen im Raum, nach
dessen Bedeutung gefragt werden kann.)

Welche Hoffnungen, Erwartungen, Befürchtungen, Ambivalenzen
bringt das Paar mit? (Fantasien, zeitliche Projektionen, vorgestellte
Fortschreibungen oder Unterbrechungen: Was könnte, müsste
geschehen, »dazwischenkommen«?)

»Hier haben wir zwei Stühle, den Hoffnungsstuhl und den Befürchtungs- 
stuhl. Gehen Sie doch einmal so um die beiden herum, und wenn
Ihnen da etwas einfällt, setzen Sie sich kurz darauf und suchen Sie
den wichtigsten Satz dazu.«

Gibt es schon einander zugeschriebene Verantwortlichkeiten in der
Beziehung und Beratung? Dazu können Reviere und Aufgaben-
bereiche markiert werden.

»Auf dieser Seite des Raumes ist Ihr Reich und dort drüben Ihres. Was 
gehört denn so alles dazu – vielleicht können Sie für jede Sache da
ein Kissen deponieren?«

Was ist die Vorstellung von Veränderung, Zielerreichung beim Paar?
Wie lassen sich die Polaritäten Jetzt/Dann, Ist/Soll, Ist/Gewünscht
darstellen, ankern? Welche Wege, Schritte gehören dazu?

»Gehen Sie einmal langsam hier in der Gegenwart los und machen Sie 
bei jedem Schritt einen Vorschlag, was in Ihrer Beziehung dazukom-
men oder wegfallen soll. Vielleicht kann jeder Schritt für ein Jahr Ihres
gemeinsamen Lebens stehen. Bedenken Sie kurz jeden Schritt. Welche
Bedeutung hätte er für den weiteren Weg? – Was käme als Nächstes?«

Welche Abhängigkeiten werden von der Partnerin und dem Partner wahrgenommen?

»Wie wir einander brauchen.« »Was geht nur mit dir (zusammen)? Was
würde ich am meisten vermissen, wenn ich ohne dich wäre?« Aber auch:

Wo ist ein Platz, an dem das Leiden oder der Leidensdruck, die Klagen und Beschwerden, die (letzten) Hoffnungen untergebracht werden können? Gibt es ein (unter Umständen erdachtes) Gegenüber, bei dem der Partner, die Partnerin das alles loswerden könnte, um es nicht nur gegenüber dem bzw. der anderen auszuleben?

Gemeinsam können die Gründe und Ursachen für die Misere des Paares eingesammelt werden. Beide dürfen dann ihre Sammlung präsentieren.

Wie war die Paargeschichte – über frühere Paarbeziehungen bis hin zu den Rollen in der Herkunftsfamilie? Hier bietet sich die Arbeit mit einer Zeitlinie (s. u.) an.

Welche inneren Anteile, Figuren spielen eine Rolle? Hier sind vielfältige Interventionen denkbar, die zunächst die Diversität der jeweiligen persönlichen Anteile betonen durch Herausarbeitung solistischer Stimmen und daraufhin die Integration in ein Orchester anzielen. Dies kann für individuelle Strebungen geschehen oder für gemeinsam empfundene Ambivalenzen des Paares (z. B. soziale Aktivitäten, Erziehungsdifferenzen, Trennungsambivalenz).

Lösungsvorstellungen für die Themen des Paares können in einer Als-ob-Realität durchgespielt und ausprobiert und damit geprüft werden auf Machbarkeit und Realitätsbezug.

- Das Paar sammelt Plus- und Minusfaktoren (Vor- und Nachteile) der Beziehung etwa mit grünen und roten Zetteln an einer Pinnwand ein. Die Beraterin begleitet dabei den vom Paar geführten Dialog.
- Das Selbstbild und das wahrgenommene Bild vom Partner (bezüglich der eigenen und der anderen Person und deren Wirkung innerhalb der Beziehung) könnten zum Beispiel durch eine Körperhaltung und Positionierung zum Partner und zum Beziehungsraum demonstriert werden.
- Eine Zustandsbeschreibung der Beziehung ist möglich etwa mit der Frage: »Wie geht es Ihrer Beziehung heute?« (Dies ist auch als Beziehungsskulptur darstellbar.)

- Gefühle können verdeutlicht werden: Zu- und Abwendungen, Nähe-Distanz-Bewegungen, die Tagesform der Stimmung gegenüber der Partnerin usw.
- Was ist der zentrale Konflikt? Gibt es überhaupt einen oder geht es um das (Nicht-)Ertragen der Partnerin oder der Beziehung? Um was geht es zentral? Wo sind Schrauben, Hebel, die dafür gezielt nutzbar sind? Dies schließt an an die oben genannte Suche nach Gründen.
- Was erhält die Problematik aufrecht? Wiederholungen von Mustern, Teufelsdialoge, Debatten ohne Ergebnisse, Widersprüche zwischen bewussten Motivationen und querkommenden Emotionen gibt es in der Regel in zahlreichen Variationen. Dies kann vom Therapeuten demonstriert und zunächst vom Paar verdeutlichend nachgespielt werden, sollte dann aber durch konsequente Interventionen mit konkreten Veränderungsvorschlägen des Therapeuten markiert wie auch beendet werden, da es ja eben zur leidenschaftlichen Wiederholung neigt.
- Was wird gewünscht, was vermieden? Die Verstecke der Beziehung können gemeinsam gesucht und aufgesucht werden.
- Worum wird gekämpft? Dies kann auch mit Objekten (unter Vermeidung von Verletzungsgefahr) symbolisiert werden.
- Wie ist die Sicht der Klienten auf sich als Paar, wie ist die wahrgenommene Sicht bedeutsamer anderer, wie ist unsere momentane Sicht als Therapeut? Hier können durch leere Stühle wichtige Bezugspersonen oder andere imaginierte Instanzen im Rollenwechsel in den Raum geholt werden (z. B. »Was würden die Kinder sagen, was sie sich von uns wünschen?«).
- Und was kann das Paar besonders gut miteinander? Was sind seine Ressourcen? Wie haben beide bisher Krisen gemeinsam bewältigt? (Einsammeln von Erfolgsgeschichten). Wie haben sie es geschafft, beieinander zu bleiben, auch wenn manches schwer war? Was hat ihnen geholfen? Was könnte heute helfen? (Symbolisierungen finden für »hilfreiche« Aspekte wie beispielsweise ein Stein für Beharrlichkeit, eine Blume für Aufmerksamkeit).

Es wird insgesamt deutlich, dass sich verbale und aktionsbezogene Interventionen und Interaktionsmodi hier gut miteinander vereinbaren lassen. Damit ist auch ein Einsatz von Aktionsmethoden unabhängig von der sonstigen therapietheoretischen Ausrichtung der Therapeutin immer möglich und ergänzend sinnvoll, ohne dafür etwa schulenorientierte Hypothesen und Vorgehensweisen in der eigenen Praxis aufgeben zu müssen.

Die therapeutische Haltung: Wie »in Aktion« arbeiten?

Widerstandsreduzierend wirken Eigenaktivität und Initiative der therapierenden Person, ihre Hinweise auf den Experimentcharakter des Vorgehens, ihre eigene Bereitschaft, intensiv und häufig unterstützend zu doppeln und an bestimmten Stellen kommentierend einzugreifen. Sie sollte in Bewegung zwischen den Partnern bleiben, Unterstützung und nicht Kritik signalisieren und auch »Fehlern« einen Sinn verleihen.

Wichtig erscheint auch, dass der Therapeut die Unterschiede in der Bereitschaft der beiden Partner zulässt, sich auf Aktionselemente einzulassen, jedoch nicht als Machtmittel in der therapeutischen Dreiecksbeziehung.

 »Jetzt stell dich doch nicht so an, mach doch, was der Herr X, die Frau Y sagt!«

Voraussetzung bei dem Therapeuten sind die eigene innere Verfassung, Bereitschaft, Energie und Erfolgserwartung – sich die Freiheit zu geben, der eigenen Inspiration zu folgen.

Zusammengefasst sind dies die wichtigen Momente:
- Wesentlich ist es, dass Sie als Therapeutin selbst in Bewegung kommen und bleiben! Es bringt nichts, vom Paar Aktion zu erwarten, wenn Sie keine Aktionsbereitschaft ausstrahlen, also: als Erste:r aufstehen!
- Es ist bedeutsam, den Beratungsraum zu »sektorisieren«, also einen Mindestaktionsraum (psychodramatisch die »Bühne«) vom Gesprächsraum abzugrenzen (minimal: ein Stuhl).
- Agieren Sie nie ohne Erläuterung der Idee, Erlaubnis und Zustimmung des Paares! Arbeiten Sie transparent und im Tempo des Paares!
- Erläutern Sie, was Sie vorschlagen, tun wollen! Die Verbindung zum vorher Besprochenen, Thematisierten sollten Sie immer halten oder herstellen!

- Es geht um Vorschläge zur Erweiterung der Erkenntnis, nicht um »einzig Richtiges«, nicht um Müssen oder Sollen!
- Im Aktionselement bleiben Sie beim Paar und unterstützen es beständig!
- Stellen Sie das Paar oder die Partner nicht bloß und kritisieren Sie nicht! Therapie/Beratung ist ein Schutzraum für die Klienten abseits vom realen Leben.
- Behalten Sie die Ziele des Paares im Auge und stellen Sie dazu immer wieder einen Überblick zur Verfügung!
- Setzen Sie (zeitlich und inhaltlich) klare Begrenzungen des Aktionselementes!
- Fragen Sie immer wieder fortlaufend nach Gedanken und Gefühlen (wechselnd bei beiden Partnern)!
- Nach der »Aktion« sollten Sie alles mit dem Paar besprechen! Was wurde deutlich, was nehmen beide mit? Welche Schritte haben sie bereits vollzogen? Wie werden die Ziele der Beratung weiterverfolgt?
- Lassen Sie die Lösungen von den Klienten finden, geben Sie sie nicht vor. Erlaubt sei aber ein gelegentlicher »Wink mit dem Zaunpfahl«, wenn es sich anbietet!
- Ermutigen Sie! Heben Sie Schritte in Richtung Ziele hervor, loben Sie! Wer lobt ein Paar denn sonst?

Schlussendlich möchte ich Ihnen sechs große »Z« im Vorgehen mitgeben:
- Zutrauen haben
- Zustimmung einholen
- Zeitplanung im Kopf behalten
- Zur Gedanken- und Gefühlsäußerung einladen
- Zusammenfassung vornehmen
- Zukunftsorientierung abfragen: Was wurde gelernt, verstanden?

Und es gibt natürlich auch Widerstände gegen das aktionsorientierte Therapieren: »Ich bin doch keine Schauspielerin«, »Ich kann nicht Theater spielen«, »Was, ich soll wie mein Mann reden, das kann ich gar nicht«, »Zu Hause läuft das aber ganz anders ab« – oder einfach nur betretenes Schweigen, komplette geistige Auffassungsblockade, wo noch eine Minute vorher höchst beredt und differenziert argumentiert wurde. Das Vorgehen entspricht für manche Paare nicht den Erwartungen und Vorstellungen über Beratung – ebenso viele andere wollen aber auch »eben nicht nur reden« (was im Übrigen genauso eine Widerstandsqualität beherbergen kann). Manche fühlen sich überrumpelt, beschämt, in einer fremden Sphäre erwischt, vorgeführt, nicht ernst genommen, veralbert, überfordert. Es ist eine ernsthafte Herausforderung, dem einladend zu begegnen. Die wesentlichen Momente wurden bereits angesprochen. Der Therapeut ist nicht Fordernder, Drängender, Zwingender, Zensor, Übervorteilender, sich Überhebender, Beschleuniger, Ängstigender und bewertend Enttäuschter, sondern Ermöglicher, Vorschlagender, Begleitender, Angst Nehmender und Vertrauen Gebender, Werbender und Einladender.

»Wenn Sie einverstanden sind, hätte ich einen Vorschlag, wie wir das eben von Ihnen Angesprochene noch auf eine andere Weise deutlich machen und klären könnten. Interessiert Sie das?«

So könnte es gehen: Methodische Beispiele

Psychodramatische und systemische Aktionsmethoden werden vielfältig im beratenden und psychotherapeutischen Kontext verwendet. Oft ist die historische Herkunft aus einer Schule gar nicht einmal eindeutig. Die folgenden Hinweise und Beispiele sollen möglichst einfache Zugänge vermitteln, beginnend mit sehr grundlegenden und einfach zu realisierenden Herangehensweisen und fortgesetzt mit komplexeren und nicht immer und überall anwendbaren Interventionen.

Doppeln: Die Therapeutin greift mit eigenen Worten Äußerungen und Impulse der Klientinnen in deren Rücken stehend auf – spricht für sie mit eigener Stimme. Es geht um Empathie, Verstehen der zentralen Äußerung von Gefühlen, Verdeutlichung von Bedürfnissen und Absichten, Klärung und Unterstützung der Positionierung, Konkretisierung der Äußerungen der Klientinnen, Identifikation mit ihrer aktuellen Situation. Mitschwingend kann die Therapeutin einen Schritt weitergehen und vorsichtig Gedanken zu Konsequenzen dieser Befindlichkeit vorschlagen. Vor allem wird sie die Äußerung der Klienten, wann immer möglich, in eine Interaktionsbotschaft zum Partner hin verwandeln. Durch die Erlaubnis des Klienten und seine Aufmerksamkeit für die Interpretation der eigenen Situation durch die Therapeutin wird ein Weitergehen im Prozess angeregt – ein deutlich widerstandsreduzierendes Vorgehen.

Nebenbei ist es eine exemplarische Übung im guten Zuhören. Und wenn gut zugehört wird, fühlen sich die Klienten verstanden und kommen in eine offenere Haltung.

Beispiel:
»Ich komme einmal zu Ihnen und spreche mit Ihrer Stimme, wie ich Sie verstanden habe. – Ist das okay für Sie?« »Ja.« »Was ich mich eigentlich kaum traue, dir zu sagen: Ich habe Angst, dass du mich nicht mehr liebst. Irgendwie spüre ich das, wie, weiß ich auch nicht genau … So ein Gefühl, das ich nicht beschreiben kann, aber es ist immer wieder da, und ich konnte es dir nie sagen, weil … Ich habe auch Angst davor, dass es stimmt, und ich weiß nicht, wie es dann mit uns weitergeht. Aber ich brauche die Gewissheit, was los ist und dass du ehrlich mit mir bist, weil … Sonst wird es auch immer schlechter.« (Die Klientin, aber auch der Partner ist sichtlich berührt.) »Ist es das so etwa, was Sie sagen möchten?«

Innerer Monolog/zur Seite sprechen: Die Therapeutin lädt ein, das Selbstgespräch explizit und hörbar zu führen. Hier wird zur Äußerung des eigentlich Unaussprechbaren ermutigt. Dazu gehört neben der Überwindung, sich selbst etwas Schwieriges einzugestehen, auch das Eruieren des inneren Widerstands, etwas in Gegenwart der Partnerin »zur Sprache zu bringen«. Dieses Monologisieren gemeinsam mit der Therapeutin kann ein schrittweises, immer wieder einmal erneut eingeschaltetes Element sein, eben immer nur bis zur aktuellen Schmerzgrenze (auch und besonders unter Anwesenheit des Partners). Eine interessante Variante mag sein, dem Partner vorzuschlagen, sich dabei die Ohren zuzuhalten, und zu verfolgen, wie beide Partner auf diesen Vorschlag reagieren. Bei dieser Technik wird in einer beeindruckenden Weise gleichzeitig an mehreren Widerstandsebenen gearbeitet. Klienten vergewissern sich selbst, finden Worte, setzen sich mit ihren Geheimnissen und deren Zu- und Aufdecken auseinander. Sie machen deutlich, wie es in ihnen aussieht und worum es ihnen in Wirklichkeit geht. Die Methode kann ein direkter Schritt der Selbstöffnung und Vertrauensbildung zum Partner hin sein, auch mit einer begleitenden Herausforderung in Ehrlichkeit und Selbstzumutung.

»Vielleicht gibt es einen Satz, der dies alles, was Sie da gerade fühlen, gegenüber Ihrer Partnerin ausdrücken würde, den Sie ihr gegenüber nicht aussprechen würden, vielleicht weil Ihnen der Mut fehlt oder Sie sie nicht verletzen wollen. Es reicht, wenn Sie diesen Satz nur einmal denken oder ganz leise mit Ihren Lippen formen – und dabei nachspüren, ob er nicht doch ausgesprochen werden kann. Wenn nicht, ist es auch völlig in Ordnung.«

Rollenwechsel: Es geht darum, für einen Moment »aus sich herauszutreten«, einen Abstand zu sich selbst herzustellen und eine andere Perspektive einzunehmen. Im Idealfall kann das sogar die vorgestellte Perspektive der Partnerin sein (»Rollentausch«); in der Regel geht es aber um eine veränderte Sichtweise aus einem eigenen Anteil oder einer »Problem- oder Lösungsfigur« heraus (z. B.: »Wie müssten Sie jetzt reagieren, damit alles noch viel schlimmer wird und Ihre Frau endgültig genug von Ihnen hat?«, »Wie würden Sie es ihr sagen, wenn Sie versuchen würden, etwas weniger beleidigt bei ihr anzukommen?«, »Welche Art und Weise damit umzugehen würde der Mann wählen, der Sie gern wären?«, »Wie würde Ihr bester Freund zu Ihrer Situation Stellung nehmen?«). Dieser Methodenkatalog ist eng verwandt mit der Technik des zirkulären Fragens aus der systemischen Therapie, setzt dies jedoch lebendiger in direktes Äußern, also in verbales Handeln und entsprechende körperliche und begleitende interaktive Aktion um. Jeder Perspektivenwechsel ist meiner Erfahrung nach ein zentrales Element der Widerstandsüberwindung.

Gerade diese ungewohnten Fragen beziehen das unverzichtbare, aber noch nicht explizit benannte Element des Humors ein, der einerseits Distanz schaffen kann, andererseits Kreativität und Lust freizusetzen vermag. Humor unterläuft gelegentlich den Widerstand.

Spiegeln: Bereits in der theoretischen Betrachtung des Widerstandsgeschehens haben wir auf die besondere Bedeutung der Selbstwahrnehmung der inneren mentalen und emotionalen Dynamik hingewiesen. Dies kann durch Spiegeln in der Paartherapie wirkungsvoll unterstützt werden. Hier geschieht ein Perspektivenwechsel – diesmal rückbezüglich auf die eigene Person oder das Paar selbst. Die beratende Person kann ihre Wahrnehmung dem Paar oder den Partnern widerspiegeln und so zur Verfügung stellen, indem sie etwas aus deren Verbal-, Emotions- oder Verhaltensrepertoire »einspielt«. Dies kann sie in einer Beschreibung oder Miniinszenierung tun: »Wenn ich mich kurz in Ihre Rolle versetze, könnte ich etwa … sagen/reagieren« oder »Als Paar in dieser Situation kommen Sie mir vor wie …«.

Aber auch die Partner können einander spiegeln oder die empfundene Wahrnehmung Dritter »einspielen«: »Wie sehen Sie Ihre Frau – Sie dürfen das ruhig ein wenig übertreiben, dann wird deutlicher, wie Ihre Wahrnehmung ist« oder »Wenn Sie sich einmal in Ihren Sohn versetzen, wie würde der seinem Kumpel wohl von Ihrem Streit erzählen?«.

Verräumlichung: Dies meint die Nutzung des zur Verfügung stehenden Raumes zur Verdeutlichung von wesentlichen Aspekten der Paarbeziehung. Klassisches Beispiel ist das Herstellen von Bildern gefühlter Nähe und Distanz zwischen den Partnern. Neben statischen Positionierungen können auch Bewegungsmuster im Raum abgebildet werden, etwa: auf Abstand gehen, Umkreisen, Klammern, vor etwas Davonlaufen, Verfolgen, Kontrollieren, Grenzen überschreiten, sich Auseinander-Setzen, Fremd-Gehen, Zonen, Reviere, Zuständigkeiten, mein und dein Bereich, welchen Raum nimmt … in unserer Beziehung ein usw. Besonders die Bewegung im Raum und die Festlegung von Positionen sind deutlichere Markierungen eigener Anliegen als die rein verbale Äußerung. Gerade unbewusste Aktionsmerkmale bekommen gezielt beobachtet mehr Aufmerksamkeit aller Beteiligten – Widerstände werden hier deutlich dynamisiert.

»Könnten Sie beide einmal aufstehen und Sie, Frau A., mir im Raum  zeigen, was Sie meinen, wenn Sie sagen, Ihr Mann sei immer so weit weg, obwohl er ja jeden Tag bei Ihnen ist? Vielleicht ist es für Sie,

Herr A., auch interessant, einmal ganz direkt gezeigt zu bekommen, wie Ihre Frau das empfindet.«

Verkörperlichung: Sie setzt auf die Intensivierung und Verdeutlichung der Paarkommunikation und -interaktion durch den Einbezug körpersprachlicher Aspekte und den Einsatz des körperlichen Ausdrucks zur Selbsterkundung. Einige Beispielfragen: »Können Sie zeigen, wie Sie Ihren Mann stützen, wie Sie ihm Halt geben?«, »Können Sie mit Ihrem ganzen Körper zeigen, wie Sie zu Ihrer Frau stehen?«, »Wenn Ihre Hand jetzt sprechen könnte, was würde sie ihm sagen?«, »Welche Haltung und Bewegung zu Ihrem Mann würde zu Ihrem Satz passen?« (oder: »Welcher Satz zu ihr fällt Ihnen zu dieser Bewegung auf Ihre Frau hin ein?«), »Wenn dieser Blick sprechen könnte, was würde er sagen?«.

Nutzung von Metaphern: Sprachliche Metaphern können aktionsmethodisch umgesetzt jederzeit illustrativ und zur Verdeutlichung diffuser Beziehungsaussagen genutzt werden. Beispiele sind mannigfaltig: »Sie erschlägt mich mit Worten.«, »Ich fühle mich in unserer Beziehung wie im Gefängnis.«, »Früher war es wie im siebten Himmel.«, »Du vergräbst dich in deiner Arbeit und ich laufe bei dir ins Leere.« usw. Metaphern als Verdichtungen allgemein menschlicher Erfahrungen können so paarspezifisch als interaktive Botschaften inszeniert werden. Nach einer körperlichen oder räumlichen Inszenierung der Metaphernsymbolik lässt sich die (oft von den Klientinnen schon in der Szene lebendig und vor allem emotional bemerkte) individuelle Bedeutung für die Beziehung besprechen. Es wird dann meist deutlich, dass im Beziehungsalltag schon längst kommuniziert wurde, was jetzt in der Paartherapie systematisch herausgearbeitet wird.

▶ Skalierungs- und ▶ Rankingtechniken: Selbsteinschätzungen und »technische« Umsetzungen eigener Empfindungen und Beurteilungen geben Klientinnen quasiobjektive Abbildungen zu verschiedenen Aspekten der Paartherapie. Sie laden zur Selbstreflexion ein und erhöhen den Eindruck der Eigenbeteiligung am Beratungsprozess. Diese Techniken können die Beurteilung des Prozesses selbst kontinuierlich begleiten oder bestimmte Fragen genauer beleuchten.

Außerdem lassen sie kontinuierlich Veränderungen sichtbar werden. Dabei werden im Raum Skalen definiert, etwa durch Bodenmarkierungen, Richtungsorientierungen, bestimmte Plätze für die Favoriten einer empfundenen Reihenfolge sowie für die »Nachzügler«. Beispiele: »Wie fanden Sie unsere heutige Sitzung?« (»1 bedeutet ›gar nicht gut‹, 10 bedeutet ›super‹.«), »Wie ordnen Sie den Zustand der Beziehung zurzeit ein?« (»Hier am Fenster wäre ›hervorragend‹, dort bei der Tür ›ganz schlecht‹.«), »Was sind die fünf wichtigsten Themen, von denen Sie denken, dass sie hier besprochen werden sollten?« (»Wir nehmen Stühle für die Themen und Sie bekommen jeweils zehn Karten, die Sie auf die Themen verteilen können.«), »Was waren die drei schönsten Erlebnisse in den gemeinsam verbrachten Jahren, und wie würde wohl die Einschätzung Ihrer Frau dazu ausfallen?« (»Suchen Sie für das beste Erlebnis auch hier im Raum Ihren liebsten Platz, für das zweitbeste den zweitbesten Platz usw.«).

Anteile und Ambivalenzen: Das »Innere Team« unserer inneren kognitiven, emotionalen und verhaltensbezogenen Impulse und Tendenzen (vgl. etwa die Beschreibungen bei Kumbier, 2016) ist ununterbrochen tätig und gestaltet unser Beziehungsleben intensivst. Hier nun werden Anteile und Ambivalenzen wahrgenommen und benannt, dann auf Stühlen verteilt und gegenübergestellt, in den Ecken des Raumes oder an den Seiten, vor und hinter der Person. Ihnen kann eine Stimme gegeben werden; sie werden fokussiert auf die zentrale Bedeutungsgebung für die eigene Person oder die Partnerin – am besten in einem zentralen Satz. Die Person bewegt sich zu den verschiedenen Symbolisierungen und testet die Varianten: entweder … oder, sowohl … als auch, weder … noch oder etwas ganz anderes. Die eigene innere Auseinandersetzung wird aktualisiert, dem Partner zur »Verfügung« gestellt und als Thema in die Paartherapie eingebracht. Dabei geht es nicht um die Offenlegung der Gesamtheit der inneren Vorgänge, sondern um schlaglichtartige Verdeutlichungen bestimmter beziehungsrelevanter Aspekte.

»Einerseits möchten Sie Ihrer Frau den Seitensprung verzeihen, weil Sie 
sie immer noch lieben, andererseits sind Sie so wütend auf Sie, dass Sie
sie am liebsten bestrafen würden. – Hier stehen zwei Stühle gegenüber

für diese Gefühle und einer dazwischen, bitte nehmen Sie überall einmal Platz und sprechen Sie von dort aus, was Ihnen momentan einfällt.«

Miniinszenierungen: Sie können von sekundenlangen momentanen Interaktionen (Augenbewegungen, Zu-, Abwendung, private Blicke »mit Bedeutung«) bis zur Reinszenierung häuslicher Gespräche oder Streitepisoden oder anderer Kommunikationssituationen (im Auto, auf Besuch, im Theater, bei einem Fest …) reichen. Wichtig sind hier die Aufmerksamkeit und der Vorschlag der Beratungsperson, das Besondere dieses Augenblicks oder dieser Szene zu thematisieren und das Paar zu einem genaueren Hinschauen einzuladen. Interesse und Veränderungsmotivation des Paares bleiben dafür entscheidend.

»Könnten Sie hier im Auto (nebeneinandergestellte Stühle) noch einmal Platz nehmen und miteinander so sprechen wie neulich Nacht auf der Heimfahrt von dem Fest? Schauen Sie einmal, was Sie noch erinnern und wie es Ihnen jetzt geht, wenn Sie das noch einmal sagen.«

Zeitlinien: Sie können als Bodenmarkierungen oder aber auch mental (»Die Geschichte Ihrer Beziehung …, wo sind wir da gerade?«) repräsentiert werden. Das Erzählen des eigenen »Beziehungsdramas« sowie besonders des Kennenlernens und der Entscheidung für den Partner vitalisieren in der Regel die Klienten auch mit dem Blick auf die Substanz und das Gelungene der Beziehung. Höhepunkte und Krisen der Beziehung können gemeinsam erinnert werden und die unterschiedlichen Versionen des Erlebens erneut aktualisiert werden. Das Narrativ zur Beziehung stellt auch eine Gesamtwertung und -betrachtung zur Verfügung, die Einfluss auf die Bewertung der aktuellen Situation nimmt.

»Entlang dieses Seils stellen Sie sich die Zeit Ihrer Beziehung vor, hier ist der Anfang, dort am anderen Ende der heutige Tag. Bitte zeigen Sie mir doch einmal mit den grünen und roten Karten, wo die besonders guten Zeiten und die schwierigsten Krisen waren. Mal sehen, ob Sie sich da recht einig sind oder ob es da auch wichtige Unterschiede gibt, wie Sie beide das sehen. Wir sprechen danach ausführlich darüber, was das für Sie beide bedeutet.«

Probehandeln: Alternative Ideen (»Lösungsfiguren«) können fiktiv erprobt werden. Dabei richtet sich besondere Aufmerksamkeit auf die Stolpersteine des Neuversuchs, an denen sich exakt das Widerstandspotenzial der Klienten zeigt. Der Therapeut wird zum Coach für das Training neuer Kommunikations- und Interaktionswege und kann dabei Fehlerfreundlichkeit signalisieren, ermutigen, an das Wesentliche erinnern und »Rückfälle« freundlich mit dem Zuspruch für einen gangbareren Weg kommentieren.

»Wir haben ja schon besprochen, worauf Sie achten können, damit nicht jedes kleine Konfliktgespräch in Streit ausartet. Ich schlage vor, dass Sie das quasi ›live‹ gleich noch einmal hier auf der Stuhlbühne erproben. Was wäre ein gutes Beispiel: etwa unterschiedliche Fernsehprogrammwünsche heute Abend oder der Umgang mit S.s Mathe-Fünf oder der anstehende Autokauf? Ich begleite Sie dabei und wir unterbrechen immer mal wieder und gucken, wie es läuft, ob Sie noch was ändern können usw.«

Welche Wirkung hat welche Technik?

Die allgemeine Vitalisierung des Klientenpaares wird durch das Einführen von Bewegungsvorschlägen erreicht: die gelegentliche Aufforderung zum Aufstehen, die Frage nach einer passenden (Körper-) Haltung und die Triade »Passende Haltung – Bewegung daraus (zur Partnerin) – Satz zur Beziehungspartnerin«.

Unterstützung bei jeglicher Gedanken- oder Emotionsexploration wird signalisiert durch das Angebot zum Doppeln und die durchgehende Verbalisierung emotionaler Erlebnisinhalte im Paargespräch. Verdeutlichung und Konkretisierung werden durch räumliche Positionierungen und Symbolisierungen mit verfügbaren Gegenständen gefördert, ebenso der Paarkontakt etwa durch Paarskulpturen oder einfach durch wiederholte Hinweise auf die jeweilige situative Qualität des Kontakts zwischen den Partnern. Die Verbildlichung und Verkörperlichung von Sprachmetaphern stellt ein sehr wirksames Werkzeug dar, dem Paar unbewusste Aussagen ins Bewusstsein zu rücken. Das Aufgreifen von Alltagsrealität wird durch die Reinszenierung von Situationen geleistet, die Außenperspektive eingenommen durch häufigen Rollenwechsel mit der Anwendung von Spiegeltechniken. Die Würdigung der Paargeschichte kann durch die Anwendung von

Zeitlinien geleistet werden, der Transfer in den Paaralltag schließlich durch Probeszenarien und Zukunftsproben.

Allen Übungen ist gemein, die Interaktion zu verlangsamen und das Erleben zu intensivieren und wie unter einer Lupe anzuschauen.

Ein genauerer Blick auf die Stärken dieser Techniken

Nachdem nun verschiedene Interventionsmöglichkeiten beschrieben wurden, soll noch einmal klar herausgearbeitet werden, worauf wir »setzen«, wenn wir damit widerstandsreduzierend arbeiten wollen. Was macht diese Methoden besonders stark? Wozu dienen sie bei der Arbeit mit den Anliegen der Klientinnen? Hier ein Überblick über die dabei wesentlichen Aspekte.

Sie verdeutlichen für die Beziehung Relevantes als Grundelement der Wahrnehmung, Aufmerksamkeitssteuerung und Bewusstwerdung:

… durch Steigerung, Übertreibung, Maximierung eines Ausdrucks, einer Äußerung, markantere Hervorhebung – gelegentlich kombiniert mit Doppeln zur Unterstützung, Fokussierung:

»Können Sie das noch einmal sagen / zeigen, sodass ganz klar ist, was Sie ausdrücken möchten, damit Ihre Partnerin auch sicher genau versteht?«

»Ich würde das noch mal anders sagen: Meinten Sie im Wesentlichen, dass …?«

»Wenn Sie diese Bewegung zu Ihrem Partner hin mal so machen, dass es ein bisschen übertrieben erscheint, wie wäre das dann?«

… durch Verkörperlichung und Ergänzender Körperebene: Ausdruck, Mimik, Gestik, Bewegung, Energieniveau – eventuell kombiniert mit Stop-Freeze-Techniken (Verlangsamung der Bewegungen »in Zeitlupe«, Einfrieren der Bewegungen in einem »Standbild«, um ein genaues Hinspüren und Hinschauen zu ermöglichen):

»Welche Haltung passt zu diesem Gefühl?«

»Fällt Ihnen auf, wie Sie im Moment die Stirn runzeln und den Blick abwenden?«

»Könnten Sie das, was Sie empfinden, auch mit Ihren Händen sagen?«

»Bei dem, was Sie sagen: Würde dazu eher Abwendung oder Hinwendung zu Ihrer Partnerin passen? Probieren Sie es einmal aus – beides.«

… durch Doppeln/Interview »in role«:
   »Meinen Sie das so …?«
   »Verstehe ich Sie richtig, dass …?«

Aktivität und zeitweise Identifizierung des Therapeuten sind hier gefragt:

»Ich komme zu Ihnen, bin mal bei Ihnen.«

… durch Monolog, zur Seite sprechen:
   »Vielleicht entsteht da gerade ein Satz zu Ihrem Partner in Ihnen, den
   Sie ihm aber (noch) nicht so deutlich sagen möchten.«
   »Denken Sie doch einmal laut.«
   »Könnten Sie einmal aussprechen, was Sie jetzt befürchten, was Ihre
   Partnerin von Ihnen denkt?«

… durch Fokussierung, Markierung von Statements, Positionen im
   Raum oder Externalisierung (aufschreiben, an die Wand hängen,
   Symbol dazu hinlegen usw.):
   »Wenn Sie das mal so deutlich wie möglich ausdrücken würden.«
   »Das, was Ihre Partnerin auf jeden Fall verstehen müsste, können
   Sie ihr gegenübertreten und das im Stehen mit richtigem Abstand
   noch einmal ganz deutlich machen?«
   »Nehmen Sie doch diesen Gegenstand, der Ihr Gefühl genau beschreibt,
   noch einmal in die Hand und sprechen Sie es mit ihm zusammen
   aus!«

… durch Verräumlichung – für Positionierungen, Schritte, Ziele, (Um-)
   Wege, Hindernisse, Dauer, Beschleunigungen, Verlangsamungen usw.:
   »Gehen Sie diesen Weg zu ihm noch einmal ganz bewusst Schritt für
   Schritt und verbinden Sie jeden Schritt mit einer Botschaft. Wenn Sie
   stoppen möchten, sagen Sie, warum es im Moment nicht weitergeht.«
   »Zu welchem Ziel gehen Sie beide zusammen – oder gehen Sie da viel-
   leicht getrennte Wege oder müssen Sie vorher noch woanders vorbei-
   kommen?«
   »Ich sehe, Sie zögern. – Gibt es da noch eine Frage, die Sie vor dem
   nächsten Schritt stellen müssten?«

Auch vielfältig anwendbar sind Skalierung, Ranking, Polaritäten,
► Soziometrie, Akzentuierung von Unterschieden:

»Bei welchen Dingen, Themen sind Sie beide am meisten auseinander?«
»Könnten Sie die drei Dinge nennen, die Ihrer Partnerin im Leben mit
Ihnen am wichtigsten sind?«
»Nehmen Sie Blätter für alle Personen, die für Ihre Beziehung wichtig sind,
und legen Sie sie hier im Raum an einen Platz, der dazu passt.«

… durch Verbildlichung von Sprachmustern durch Vignetten (Mini-
inszenierungen), Hervorhebungen von Sprachbildern, Metaphern,
Verbildlichung, Vergegenständlichung:
»Zeigen Sie mir einmal, wie Sie sich so im Alltag durchschlagen.«
»Ihre Oase, wie sieht die denn so aus?«
»Wie machen Sie das, wenn Sie sich zurückziehen? Verabschieden
Sie sich da, und wo gehen Sie dann hin?«
»Wie könnten in diesem Raum passende Positionen, Haltungen und Be-
wegungen in so einer Vernunftehe, von der Sie sprechen, aussehen?«

**Sie benennen Wichtiges, unterstreichen Bedeutungen, fokussieren
und setzen in Beziehung:**

… durch das Fragen nach Namen, die etwas Wesentliches an der Part-
nerin oder an der eigenen Person bezeichnen können, also Namen
geben für sich, den anderen oder die andere, die Beziehung, die
Lage, die Phase:
»Wie würden Sie … nennen?«
»Passt das immer oder nur in dieser Situation?«
»Womit haben wir es hier zu tun, wenn Sie Ihren Partner so nennen?
Was möchten Sie ihm damit eigentlich sagen?«
»Welchen anderen Namen würden Sie ihr geben, wenn sie das täte, was
Sie sich wünschen?«

… durch Fördern und Herausfordern der Sprachfähigkeit: einen Satz (ein
Wort) finden, der genau passt, am besten als Botschaft, Mitteilung, zu
wem gesprochen: zur Partnerin, zum Berater, zum lieben Gott…? Helfen
mit Vorschlägen – aus dem Doppeln heraus:

»Würde es jetzt passen, wenn Sie etwas Liebevolles sagen, oder besser
nicht ...?«

... durch Hervorhebung:
»Was ist das Wichtigste, das Zentrale, die bedeutende Botschaft und
wer bin ich mit dieser Botschaft?«

... durch Exploration von Anteilen, Figuren:
»Wer sagt das, macht das so? Wie könnte man den nennen?«
»Was ist mein Grund, mit dir im Moment so zu sprechen? Ist das der
Bedürftige, Empörte, Zu-kurz-Gekommene, Verzweifelte, der Mächtige,
der Macho ... in mir?«

... durch Hinweis auf den Ton, der darunterliegt, drinsteckt, dazu passt,
der die Bedeutung transportiert:
»Merken Sie, wie sich Ihre Stimme/Stimmung ändert, wenn Sie das
so/anders sagen?«

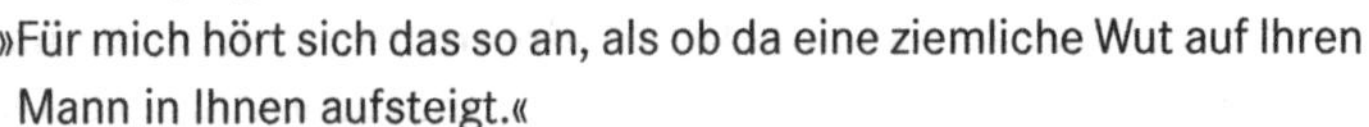

Sie differenzieren und externalisieren das innere Erleben der beteiligten Personen:

... durch Spiegeln:
»Für mich hört sich das so an, als ob da eine ziemliche Wut auf Ihren
Mann in Ihnen aufsteigt.«
»Möchten Sie wissen, wie das bei ihm ankommt?«
»Erzählen Sie ein paar Situationen, wo Ihre Frau so war, wie Sie es
sich immer von ihr wünschen.«
»Wenn Sie sich für einen Moment in Ihren Vater versetzen: Wie würde
der sich wohl zu Ihrer Ehe äußern?«

... durch Weisheitsfiguren (»Wisdom Figures«):
»Stellen Sie sich den Menschen vor, der Ihr größtes Vorbild in Ihrer Kindheit war: Was würde er Ihnen jetzt für Ihre Ehe raten?« (Oder auch: der
beste Freund, jemand, der alle Ihre Ängste kennt, ein Zauberer, ein
Lebenskünstler, ein Kuscheltier von früher ...)

… durch Klärung: Was gehört zu wem? Wer ist für was zuständig? (die Territorien der Partner):

»Womit bleiben Sie in Ihrem Zusammenleben ganz allein? – Was tun oder bedenken Sie gemeinsam?«

»Könnten Sie dafür hier im Raum einen Bereich bestimmen?«

»Was passiert, wenn der andere da in die Nähe kommt?«

»Wo möchten Sie für sich sein, wo wünschen Sie sich mehr Beteiligung des anderen?«

… durch Klarstellung: Worin unterscheiden wir uns? (Bezeichnen, markieren!)

»Wie gehen Sie damit um, dass Sie das so unterschiedlich sehen/interessiert/tun?«

»Wer ist für was aufmerksam? Wer ist in Ihrer Beziehung Spezialist für …?«

Sie wählen Symbolisierungen für die Erweiterung kreativen Verstehens: Dies ist auf verschiedenen Ebenen möglich. Das Paar kann Gegenstände für bestimmte Aspekte wählen. Im Kontakt mit diesen findet eine Zentrierung darauf statt. Für diese Gegenstände kann es Orte wählen, die Verfügbarkeit, Erreichbarkeit, Abstand und Beziehung dazu ausdrücken (etwa ein Liebesbrief, der unter einem Schrank verstaubt).

Für das Paar selbst sind etwa Skulpturenbau und Suche nach Symbolen für Ressourcen und Gefahren mögliche Zugänge. Dies kann gemeinsam oder auch im Einzeldurchlauf geschehen.

Focusing (sensible Körperwahrnehmung) kann im Beratungsprozess wertvolle Zusatzinformationen zu emotionalen Bewegungen geben. Fragen wie die folgenden können den Raum des bewussten Erlebens erweitern und für die Klientinnen durch große Überzeugungskraft widerstandsreduzierend wirken.

»Gibt es ein Körpergefühl in Ihnen, das Sie spüren und das Sie benennen können?«

»Wo im Körper spüren Sie dieses Gefühl?«

»Was könnte diese diffuse Körperwahrnehmung in Ihnen gerade ausdrücken wollen?«

»Kennen Sie diese Körperempfindung aus anderen Situationen?«

Kopfschmerzen, Schweißausbrüche, Rotwerden, erhöhter Puls oder starke Muskelanspannung sind bedeutsame Indikatoren emotionaler Prozesse.

Räumliche Umsetzung der (Beziehungs-)Zeitdimension ist über Zeitlinien möglich. Ebenso können (Beziehungs-)Gebiete und Territorien im Raum markiert werden und auch Anteile der Personen oder der Beziehung an bestimmten Orten »untergebracht« werden, an denen man sich mit ihnen identifizieren oder auch auf Abstand gehen kann.

Mit etwas Fantasie der Therapeutin mögen auch Analogien aus der Tierwelt (Wolf vs. Schaf o. Ä.) oder Szenen und Darstellerinnen aus Filmen angeregt und als Symbole utilisiert werden. Auch die Frage nach passenden Musikstücken, Geschichten oder Büchern kann das Verstehen in der Beratung bereichern.

Abschließend sei als szenisch dargestellte Symbolisierung beispielhaft das »Tor der Trennung« genannt. Mit Stühlen wird im Raum ein Tor aufgebaut, dessen Durchschreiten den Vollzug der Trennung symbolisiert. Die Klientinnen werden gebeten, sich entsprechend ihren aktuellen Empfindungen zu positionieren. Vor dem Tor bedeutet ein Abwarten oder Zögern, im Torbogen die Ambivalenz der Entscheidung, das Durchschreiten eine klare Absicht zur Trennung. Sowohl für die Partner selbst als auch die jeweils andere Person kann hier etwas massiv deutlich werden, was sich im Gespräch weiterverarbeiten lässt. In diesem Beispiel wird auch die starke Rolle von Widerständen für den Prozess insgesamt überdeutlich.

Sie inszenieren eine erweiterte, veränderte innere und äußere Realität: Mit dem genannten Beispiel wurde schon der Übergang zum In-Szene-Setzen markiert. Auf Anregung der Therapeutin können reale Situationen (Wie kam es dazu, was war entscheidend? Was waren die Problemfiguren?) ebenso wie Verhaltensalternativen und -konsequenzen »durchgespielt« werden. Die Darstellung kurzer Szenen bietet sich auch an zum Vervollständigen der Abfolge Impuls – Überlegung – Entscheidung – Handlung: »Gesagt, getan (und gefühlt, gedacht?).«

Möglichkeiten, Optionen lassen sich eruieren: »… mal ganz verrückt, unrealistisch gedacht: Was wäre, wenn …?« (auch: alternative

Lösungsfiguren nach Mary, 2008). In der Beratung projektierte Vorhaben des Paares können durch Probehandeln konkretisiert werden, »Hausaufgaben« nachvollzogen und mit Feedback versehen werden und schließlich lassen sich Zukunftsszenarien, -entwicklungen und -fantasien entwerfen.

Sie ermöglichen kreatives »Erfinden«: Therapeut und Paar können sich verrückte Ideen erlauben und einen Raum in der Beratung schaffen, der das Unwahrscheinliche, scheinbar Unmögliche in einer »surplus reality« im Sinne Morenos zulässt. Dies ist natürlich nur machbar in enger Abstimmung mit dem Paar und klarer Rückmeldung über Idee, Sinn und Stimmigkeit des Ganzen. Die Wirkung auf/für das Paar ist zu überlegen. Auf keinen Fall sollte eine Stimmung des Nicht-ernst-genommen-Werdens entstehen. Dazu gehört es auch zu bescheinigen, wenn ein Experiment nichts bringt. Beispiele:

»Wie würde es denn laufen, wenn Sie gemeinsam mehrere Wochen auf einer einsamen Insel verbringen könnten/müssten?«
»Wenn Sie die Zeit zurückdrehen könnten und sich noch einmal erstmals begegnen würden: Worauf würden Sie dann mehr achten?«
»Wie würde es denn aussehen, wenn Sie die Berufs- und Mutter-/Vaterrolle einmal komplett tauschen würden?«

So sei nun einmal das gesamte Instrumentarium aufgeblättert und abschließend angefügt, dass natürlich, aus unterschiedlichen Richtungen kommend, verschiedene Autoren das Feld der aktionsmethodischen Arbeit mit Paaren intensiv besät und beackert haben, denen auch die vorliegende Darstellung verbunden ist. Erwähnt seien Jan Bleckwedel (2008) mit einem systemisch orientierten Werkzeugkasten sowie der leider viel zu früh verstorbene Roland Weber (2008) mit vielerlei Ideen zur Skulpturarbeit, Initiierung/Vorstellung der Methodik, Gestaltung, zum Einfrieren, Experimentieren, Auflösen und Transfer, zu Zeitlinien und Teilearbeit. Ein allgemeiner Hinweis sei gegeben auf einführende Psychodramaliteratur (Krüger, 2015; von Ameln u. Kramer, 2014).

Fazit und Ermutigung

Ein Fazit lässt sich vielleicht am besten in der Form einiger prägnant formulierter Thesen ziehen, die dann auch der Diskussion unter denjenigen dienen mögen, die in diesem Buch der Argumentation gefolgt sind:

1. Widerstände sind elementare Bestandteile jeder Paarberatung und -therapie; sie sind unvermeidbar und unentbehrlich.
2. Widerstände signalisieren wesentliche Bedürfnisse, Motivationen, Anliegen, Verletzungen und Überlebensstrategien der Paare.
3. Widerstände dienen dem besseren Verständnis der Paarproblematik und der Paardynamik.
4. Widerstände bauen sich aus verschiedenen Quellen auf und sind daher nicht einfach auf einen Faktor reduzierbar: Dazu gehören das Setting der Beratung, die Persönlichkeit der Klienten bzw. Partner, unbewusste Paarbeziehungsdynamiken und situative Übertragungen, Gegenübertragungen der Beratungsperson und der reale Lebenskontext der Paare.
5. Widerstände sind positive Faktoren für den Beratungsfortschritt, wenn sie bewusst gemacht werden können und nicht negativ bewertet werden.
6. Zukünftige und individualisierte Widerstandsanalysen werden besondere Potenziale bestimmter Passungen von Paarkonstellationen mit Therapeutencharakteristika und methodischen Neigungen hervorbringen können. Erfolge, Misserfolge und supervisorische Hilfen zu deren Vermeidung werden verständlicher und nachvollziehbarer werden.
7. Alle gängigen Ansätze zur Paarberatung und -therapie liefern wirksame Werkzeuge zum Umgang mit Widerständen.

8. Aktionsmethodisch ausgerichtetes Arbeiten bietet diverse Optionen, Widerstandspotenzial zu nutzen, den psychischen Gehalt zu verdeutlichen und den Klientinnen Angebote zu neuen Erfahrungen zu ermöglichen.
9. Diese Praxis ist mit ganz verschiedenen Verständnissen von Paarproblemen und therapeutischen Traditionen kompatibel; sie ist entsprechend einführbar, aber auch begrenzbar.
10. Die Erfahrung (nicht nur) des Autors belegt, dass diese methodischen Vorschläge die Beteiligung, das Interesse, die Energie und das Gedächtnis für therapeutische Interventionen bei den Klientenpaaren stärken.

Übrig bleibt, eine allgemeine Ermutigung auszusprechen, die sich hoffentlich spürbar durch die gesamte Lektüre gezogen hat: Keine Angst vor »Widerständen«! Heißen Sie sie freundlich willkommen und fragen Sie nach ihren Absichten, dann werden sie sich mit Ihnen verbünden, anstatt Sie in Verzweiflung zu stürzen. Jeder freundlich behandelte Widerstand bringt Ihre Arbeit und das von Ihnen unterstützte Paar einen Schritt weiter. Und wenn Sie wollen, probieren Sie einfach einmal einige der vorgeschlagenen methodischen Schritte aus. Machen Sie damit eigene Erfahrungen!

Dank

… Christine Koch-Brinkmann für die Planung gemeinsamer Semi-
nare zum Thema und die lebendige Kommentierung, Korrektur und
Ergänzung des Geschriebenen.

… Reinhard Vetter ist besonders für die stilistische Verfeinerung
des Textes zu danken.

… der Hauptstelle für Lebensberatung der Evangelisch-lutheri-
schen Landeskirche Hannovers und diversen anderen Einrichtungen
und Instituten für die Möglichkeit, über gut zwanzig Jahre das Konzept der psychodramatisch angereicherten Paarberatung in Fort-
bildungen anbieten und weiterentwickeln zu können.

… den Fort- und Weiterbildungsteilnehmenden, deren großes
Interesse über die Jahre beständig ist.

… den Paaren, die die geschilderten Einsichten und Methoden
»über sich haben ergehen lassen« und hoffentlich, zumindest meistens, davon profitiert haben.

… Sandra Englisch und Ulrike Rastin von Vandenhoeck & Ruprecht für die kritische und Verbesserungen anregende Durchsicht
des Textes.

… schließlich meiner Familie für die Freiheit, an dieser Schrift
in Ruhe arbeiten zu können, und ihre Bereitschaft, sich über meine
zeitweilige Distanz von anderen Aufgaben nicht zu sehr zu beklagen.

Glossar

Aktionsmethode

Psychotherapeutische oder Beratungsmethode, die über die reine Gesprächsebene hinaus mit der Nutzung von Körper, Raum, Gegenständen, Handlungsimpulsen und kreativer Gestaltung in verschiedenen (Sinnes-)Modalitäten arbeitet.

Beidparteilichkeit

Beiden Partner in gleichem Umfang und gleicher Qualität angebotene therapeutische Beziehung in Interaktion, Empathie, Feedback und Interesse; die Gleichwertigkeit der Motivationen, Problematisierungen, persönlichen Eigenarten, Bewältigungsstrategien und Zielsetzungen. Die Therapeutin schlägt sich nicht auf eine Seite und bevorzugt niemanden.

Containment

»bezeichnet in der Psychologie einen Vorgang, in dem Psychotherapeuten die Projektionen von Patienten vorerst aufnehmen, ohne die eigenen Emotionen, die durch diese Projektionen ausgelöst werden, zu agieren – also reagierend zu erledigen. In einem zweiten Schritt verwandelt der Psychotherapeut das Aufgenommene, das dem Patienten unerträglich ist, in sich in etwas Erträgliches und gibt es ihm in einem dritten Schritt zurück. Der Begriff wurde von dem britischen Psychoanalytiker Wilfred Bion 1962 geprägt« (Wikipedia, »Containing«, Zugriff am 29.07.2021).

Doppeln

Unterstützung der Klientinnen-Impulse durch Übernehmen, Verdeutlichen, Extrapolieren des Wahrgenommenen durch die Therapeutin in Sprache, Position, Haltung, Bewegung und möglichen konsequenten Abläufen auf intrapsychischer oder interaktioneller Ebene.

Gegenübertragung

»Die Gesamtheit aller emotionalen Reaktionen [des Psychotherapeuten; H.-G. S.], die im Kontakt mit einem Patienten entstehen, mögen sie nun ihren Ursprung im Patienten oder in uns haben« (Heimann, 1950, zit. nach Wöller u. Kruse, 2010, S. 250).

Kollusion

»Eine Kollusion ergibt sich, wenn gleichartige neurotische Beziehungsbereitschaften bei beiden Partnern in Resonanzschwingungen geraten«, sie bezeichnet »eine Regression der Partner auf ein gemeinsames, meist unbewusst gehaltenes Grundthema« (Willi, 1990, S. 190, 193).

Mentalisieren

bezeichnet »die halb bewusste, halb unbewusste innere psychische Prozessarbeit, mit der der Mensch sich selbst und andere situationsbezogen versteht, mit der er Konflikte verarbeitet, nach angemessenen bzw. neuen Konfliktlösungen sucht und seine Handlungen plant« (zit. nach Krüger, 2015, S. 20).

Psychodrama

Psychotherapeutisches Verfahren, das durch die Inszenierung emotional bedeutsamer Situationen und persönlicher Themen das Innenleben des Menschen im Außen sichtbar und so »ein zweites Mal« erlebbar, verstehbar und veränderbar werden lässt. Dabei bedient es sich vielfältiger kreativer Methodik, die auch in diesem Buch erläutert wird.

Ranking

Hier: Technik, die die Rangfolge (Bedeutsamkeit, Priorisierung, Wertigkeit) bestimmter innerpsychischer oder äußerer Gegenstände, Situationen oder Emotionen verdeutlicht.

Reaktanz

»Psychologische Reaktanz ist die Motivation zur Wiederherstellung eingeengter oder eliminierter Freiheitsspielräume. Reaktanz wird in der Regel durch psychischen Druck (z. B. Nötigung, Drohungen, emotionale Argumentation) oder die Einschränkung von Freiheitsspielräumen (z. B. Verbote, Zensur) ausgelöst. Als Reaktanz im eigentlichen Sinne bezeichnet man dabei nicht das ausgelöste Verhalten, sondern die zugrunde liegende Motivation oder Einstellung. Reaktanz liegt typischerweise dem ›Reiz des Verbotenen‹ zu Grunde. Sie ähnelt dem Trotz, der jedoch auch aus anderen Gründen als der Beschneidung von Freiheit auftreten kann« (zit. nach Wikipedia, Zugriff am 29.07.2021).

Reflecting Team

Aus der systemischen Tradition stammende Form der fallbezogenen gemeinschaftlichen Unterstützung bzw. Supervision, in der eine Gruppe den Fall nach Schilderung der fallführenden Person reflektiert, ohne dass diese sich am Gespräch beteiligt. Vielmehr nimmt sie die von ihr wahrgenommenen Rückmeldungen, Inspirationen und Hypothesen der Unterstützenden in die weitere Fallgestaltung mit.

Resilienz

Die individuell sehr unterschiedlich ausgeprägte Fähigkeit von Menschen, mit widrigen Umständen, belastenden Situationen und Schicksalsschlägen im Leben umzugehen, diese zu bewältigen und auch mental dabei gesund zu bleiben.

Rollenwechsel/Rollentausch

Technik aus dem Psychodrama, in der eine Hilfsperson für diejenige Person, deren Thema bearbeitet wird (Protagonist), eine Rolle übernimmt (Persönlichkeitsaspekt oder -anteil oder andere Person innerhalb einer Interaktion), um mit Perspektivwechseln oder Handlungsalternativen zu experimentieren. Natürlich kann die Protagonist auch eigene Rollenwechsel vollziehen. Im Rollentausch »tauschen« zwei Menschen spielerisch ihre Identitäten, um sich in die Perspektive des jeweils anderen hineinzufinden.

Setting

Rahmensituation für die Durchführung einer Psychotherapie oder
Beratung: Ort, Zeit, Raum, Einrichtung, Rollen- und Aufgabenver-
teilung der Beteiligten, angewandter methodischer Ansatz, Regeln
für die Situation, Konsequenzen für bestimmte Abläufe und Vor-
kommnisse (z. B. findet Paarberatung nach Absprache nicht mit
einem Teil des Paares statt, wenn der andere Teil nicht zugegen ist).

Skalierung

Angebot an die Klienten, bestimmte Gefühle oder Ereignisse in ihrer
Bedeutung und Qualität auf einer Skala einzuordnen (etwa gut/
schlecht, angenehm/unangenehm, wichtig/unwichtig, gelungen/miss-
lungen). Mannigfaltige Abstufungen und Zwischenstufen können
auch Veränderungen gut verdeutlichen. Skalen können mit Zahlen
bezeichnet werden, aber zum Beispiel auch im Raum »aufgeschlagen«,
abgebildet werden.

Soziometrie

Methodenarsenal aus dem Psychodrama, mit dem verschiedenste
Beziehungen und Beziehungsqualitäten zwischen Menschen und
Gruppen abgebildet und analysiert werden können. So werden
etwa Wahlen (Sympathien und Abneigungen) verdeutlicht, soziale
Nähe und Distanz abgebildet und »soziale Atome« analysiert, die
Beziehungsnetze und Verbindungen zu relevanten Bezugspersonen.
Zum Beispiel kann mit einem »Paarbeziehungsatom« auch das ver-
armte oder reiche Beziehungsleben eines Paares bearbeitet werden.

Spiegeln

Psychodramamethode, bei der einer Person ein Blick mit Perspektiv-
wechsel auf die eigene Person und die eigene Situation ermöglicht wird.
Dies kann durch »Heraustreten« aus einer eigenen Szene geschehen
oder durch das »Vorführen« eines »Spiegels« durch andere Personen.

Strukturniveau

Vielfältig schillernder Begriff der Persönlichkeitspsychologie, der im
Wesentlichen die innere Differenziertheit und die Beziehungsfähigkeiten, allgemein das Funktionieren der Person umreißt. Wöller und

Kruse (2010) beschreiben verschiedene Dimensionen: Differenziertheit der Affektivität und Selbstwahrnehmung, Qualität der Objektbeziehungen/Objektwahrnehmungen, Selbststeuerung und Integration des Über-Ich, Regulierung der Objektbeziehung, Kommunikation, Bindung und charakteristische Abwehrformen. Bei günstiger psychosozialer Entwicklung verbessert sich das Strukturniveau einer Person, bei Traumatisierung, Vernachlässigung und Entwicklungsdefiziten sowie lang andauernden hochbelastenden Lebensbedingungen regrediert es auf niedrigere Niveaus.

Tele

oder »Zweifühlung« ist nach J. L. Moreno, dem Begründer des Psychodramas, der ideale Beziehungszustand zwischen zwei Personen, der von optimaler Selbst- und Fremdwahrnehmung, gegenseitiger Empathie und höchster Offenheit und Kommunikationsbereitschaft geprägt ist. Dieser Beziehungszustand beschreibt so das höchstmögliche Ideal des Einschwingens zweier Menschen aufeinander, ihre Resonanz füreinander.

Triangulation

Zwingend erscheinende unbewusste Funktionalisierung der Personen in einem Beziehungsdreieck (z. B. Eltern – Kind, Paar – Geliebte/r, Paar – Paartherapeut) in bestimmte Rollen, Zuschreibungen und Verantwortlichkeiten hinein. Für die Paartherapie beschreibt Retzer (2004) mögliche Aspekte ausführlich.

Übertragung

»Wir sprechen von dem Phänomen der Übertragung, das den Umstand beschreibt, dass jede zwischenmenschliche Beziehung und vor allem jede therapeutische Beziehung durch Gefühle, Gedanken, Erwartungen und Verhaltensweisen beherrscht sein kann, die allein aus der aktuellen interpersonellen Interaktion nicht erklärbar sind, sondern am ehesten als Wiederholungen früher Beziehungsformen verstehbar sind« (Wöller u. Kruse, 2010, S. 226).

Literatur

Ameln, F. v., Kramer, J. (2014). Psychodrama. Grundlagen und Praxis. 2 Bde. Berlin/ Heidelberg: Springer.

Bleckwedel, J. (2008). Systemische Therapie in Aktion. Kreative Methoden in der Arbeit mit Familien und Paaren. Göttingen: Vandenhoeck & Ruprecht.

Clement, U. (2004). Systemische Sexualtherapie. Stuttgart: Klett-Cotta.

Clement, U. (2016). Dynamik des Begehrens. Systemische Sexualtherapie in der Praxis. Heidelberg: Carl Auer.

Han, B.-C. (2020). Palliativgesellschaft. Schmerz heute. Berlin: Matthes & Seitz.

Hell, D. (2018). Lob der Scham. Nur wer sich achtet, kann sich schämen. Freiburg: Herder.

König, K. (2010). Gegenübertragung und die Persönlichkeit des Psychotherapeuten. Frankfurt a. M.: Brandes & Apsel.

König, K., Kreische, R. (1994). Psychotherapeuten und Paare. Was Psychotherapeuten über Paarbeziehungen wissen sollten (2. Aufl.). Göttingen: Vandenhoeck & Ruprecht.

Koschorke, M. (2013). Keine Angst vor Paaren! Wie Paarberatung und Paartherapie gelingen kann – Ein Praxishandbuch. Stuttgart: Klett-Cotta.

Krüger, R. T. (2015). Störungsspezifische Psychodramatherapie. Theorie und Praxis. Göttingen: Vandenhoeck & Ruprecht.

Krüger, W. (2014). Effi Briest auf der Couch. Eine psychologische Reise durch zwölf Liebesromane. Norderstedt: Books on Demand.

Kumbier, D. (2016). Aufstellungsarbeit mit dem Inneren Team. Methoden- und Praxisbuch für Gruppen. Stuttgart: Klett-Cotta.

Mary, M. (2008). Erlebte Beratung mit Paaren. Stuttgart: Klett-Cotta.

Paz, O. (1995). Die doppelte Flamme. Liebe und Erotik (2. Aufl.). Frankfurt a. M.: Suhrkamp.

Retzer, A. (2004). Systemische Paartherapie. Stuttgart: Klett-Cotta.

Rosa, H. (2019). Resonanz. Eine Soziologie der Weltbeziehung. Berlin: Suhrkamp.

Rottländer, P. (2020). Mentalisieren mit Paaren. Stuttgart: Klett-Cotta.

Sack, M., Gromes, B. (2020). Schonende Traumatherapie. Ressourcenorientierte Behandlung von Traumafolgestörungen (2., überarb. Aufl.). Stuttgart: Schattauer.

Schmid, W. (2007). Mit sich selbst befreundet sein. Von der Lebenskunst im Umgang mit sich selbst. Berlin: Suhrkamp.

Schnarch, D. (2019). Intimität und Verlangen. Sexuelle Leidenschaft in dauerhaften Beziehungen. Stuttgart: Klett-Cotta.

Spitzer, N. (2020). Better safe than sorry. Geringe Ungewissheitstoleranz als ein wichtiger transdiagnostischer Faktor in der Therapie. Verhaltenstherapie und psychosoziale Praxis, 52, (3), 565–580.

Stiemerling, D. (2006). Wenn Paare sich nicht trennen können. Stuttgart: Klett-Cotta.

Vogel, R. T. (2020). Existenzielle Themen in der Psychotherapie (2. Aufl.). Stuttgart: Kohlhammer.

Weber, R. (2008). Paare in Therapie. Erlebnisintensive Methoden und Übungen (2. Aufl.). Stuttgart: Klett-Cotta.

Willi, J. (1985). Therapie der Zweierbeziehung. Analytisch orientierte Paartherapie, Anwendung des Kollusions-Konzeptes, Handhabung der therapeutischen Dreiecksbeziehung. Reinbek: Rowohlt.

Willi, J. (1990). Die Zweierbeziehung. Spannungsursachen, Störungsmuster, Klärungsprozesse, Lösungsmodelle. Analyse des unbewussten Zusammenspiels in Partnerwahl und Paarkonflikt: Das Kollusionskonzept. Reinbek: Rowohlt.

Wöller, W., Kruse, J. (Hrsg.) (2010). Tiefenpsychologisch fundierte Psychotherapie. Basisbuch und Praxisleitfaden (3., überarb. und erw. Aufl.). Stuttgart: Schattauer.